HEYNE ‹

W0062466

Dr. Oetker

KÜHLSCHRANK
TORTEN

WILHELM HEYNE VERLAG
MÜNCHEN

Backen
ohne zu Backen?

Ja, das funktioniert und ist ganz einfach. Denn
im Handumdrehen sind die Böden aus Keksen,
Löffelbiskuits, Müsli und Cornflakes zubereitet.
Mit Früchten, Sahne, Quark und anderen Köst-
lichkeiten werden daraus traumhafte Torten,
Schnitten oder Kuchen. Dann nur noch schnell
zum Kühlen in den Kühlschrank und schon ist die
coole Köstlichkeit servierfertig.
Und wer es mal im Sommer so richtig kalt mag,
der findet in diesem Buch zart-schmelzende Eis-
torten – ein wahrhaft eiskaltes Vergnügen!

Inhaltsübersicht

Beeren-Baiser-Torte

12 Stücke – Raffiniert

Für den All-in-Teig:

100 g Baiser, z. B. Schaumkronen
oder Torteletts

100 g Zartbitter-Kuvertüre

Für den Belag:

250 g frische, gemischte Beeren,
z. B. Himbeeren, Brombeeren
und Johannisbeeren

9 Blatt weiße Gelatine

500 g Kefir oder Dickmilch

100 g Zucker

300 g Schlagsahne

Zum Verzieren und Garnieren:

25 g Zartbitter-Kuvertüre

200 g Schlagsahne

1 Pck. Dr. Oetker Vanillin-Zucker

50 g Baiser

150 g gemischte Beeren

Zubereitungszeit: **40 Minuten,
ohne Kühlzeit**

1_ Für den Boden Baiser grob zerbröseln und in eine Rührschüssel geben. Kuvertüre grob hacken, in einem kleinen Topf im heißen Wasserbad bei schwacher Hitze unter Rühren schmelzen. Kuvertüre zu den Baiserbröseln geben und gut vermischen.

2_ Einen Springformrand (∅ 26 cm) auf eine mit Tortenspitze oder Backpapier belegte Tortenplatte stellen. Die Baisermasse darin gleichmäßig verteilen und mit einem Löffel andrücken, sodass ein Boden entsteht. Tortenboden kalt stellen.

3_ Für den Belag Beeren verlesen. Himbeeren eventuell abspülen und gut abtropfen lassen. Brombeeren und Johannisbeeren waschen, gut abtropfen lassen, Johannisbeeren entstielen.

4_ Gelatine nach Packungsanleitung einweichen. Kefir oder Dickmilch mit Zucker verrühren. Eingeweichte Gelatine leicht ausdrücken und in einem kleinen Topf unter Rühren bei schwacher Hitze auflösen.

5_ Zunächst etwas von der Kefir- oder Dickmilchmasse mit der Gelatine verrühren, dann unter die restliche Masse rühren. Kalt stellen.

6_ Sahne steif schlagen. Sobald die Masse anfängt dicklich zu werden, Sahne unterheben. Die Beeren auf dem Baiser-Schoko-Boden verteilen. Die Sahnecreme daraufgeben und glatt streichen. Die Torte 2–3 Stunden in den Kühlschrank stellen.

7_ Springformrand lösen und entfernen. Zum Verzieren und Garnieren Kuvertüre grob hacken und wie unter Punkt 1 beschrieben schmelzen. Die Tortenoberfläche mit der Kuvertüre besprenkeln. Sahne mit Vanillin-Zucker steif schlagen, in einen Spritzbeutel mit Lochtülle füllen und die Torte damit garnieren. Baiser grob zerbröseln und mit den abgespülten und trocken getupften Beeren die Torte garnieren.

Pro Stück: E: 5 g, F: 18 g, Kh: 29 g, kJ: 1275, kcal: 305

Tipp: Anstatt die Baiserbrösel mit der Kuvertüre zu vermischen, einfach alle Brösel in der Form verteilen, mithilfe eines Löffels mit einem Teil der Kuvertüre besprenkeln und fest werden lassen. Nun können die „zusammengeklebten" Baiserbrösel vorsichtig mit der restlichen Kuvertüre bestrichen werden. Dann erscheint im Anschnitt ein Kuvertürestreifen und außerdem weicht der Boden nicht so schnell durch.

Ananas-Charlotte

10 Stücke – Fruchtig

Für den Boden:

150 g Löffelbiskuits

75 g weiße Kuvertüre

25 g Butter

Für den Belag:

1 kleine Dose Ananasscheiben
  (Abtropfgewicht 340 g)

2 Eier (Größe M)

40 g Zucker

6 Blatt weiße Gelatine

125 ml (⅛ l) Ananassaft aus der
  Dose

2 EL Zitronensaft

250 g Schlagsahne

1 Pck. Dr. Oetker Vanillin-Zucker

Nach Belieben zum Garnieren:

etwa 30 g weiße Schokolade

gehackte Pistazienkerne

Zubereitungszeit: 40 Minuten, ohne Kühlzeit

Hinweis: Nur ganz frische Eier verwenden, die nicht älter als 5 Tage sind (Legedatum beachten!).

1_ Für den Boden von den Löffelbiskuits etwa 50 g abnehmen, in einen Gefrierbeutel geben und den Beutel verschließen. Löffelbiskuits mit einer Teigrolle fein zerbröseln. Biskuitbrösel in eine Rührschüssel geben.

2_ Kuvertüre in kleine Stücke hacken, mit der Butter in einer kleinen Schüssel im heißen Wasserbad unter Rühren schmelzen. Kuvertüre zu den Biskuitbröseln geben und gut verrühren.

3_ Einen Springformrand (Ø 22 cm) auf eine mit Tortenspitze oder Backpapier belegte Tortenplatte stellen. Die Bröselmasse gleichmäßig darin verteilen und mit einem Löffel gut zu einem Boden andrücken.

4_ Für den Rand die restlichen Löffelbiskuits (etwa 100 g) mit einem Messer halbieren. Löffelbiskuithälften so an den Springformrand stellen, dass die Zuckerseite nach außen zeigt und die Schnittflächen auf dem Bröselboden stehen. Die Löffelbiskuithälften etwas in den Bröselboden drücken. Den Tortenboden in den Kühlschrank stellen.

5_ Für den Belag Ananasscheiben auf einem Sieb abtropfen lassen, dabei den Saft auffangen und 125 ml (⅛ l) abmessen.

6_ Ananasscheiben (2 Ananasscheiben zum Garnieren beiseitelegen) in kleine Stücke schneiden und zum Abtropfen wieder in das Sieb geben.

7_ Eier und Zucker in eine Edelstahlschüssel geben und im heißen Wasserbad mit Handrührgerät mit Rührbesen bei mittlerer Hitze schaumig schlagen, bis eine dickflüssige Masse entstanden ist.

8_ Gelatine nach Packungsanleitung einweichen. Gelatine leicht ausdrücken und in einem kleinen Topf unter Rühren bei schwacher Hitze auflösen. Zuerst die aufgelöste Gelatine, dann den Ananas- und Zitronensaft vorsichtig unter die Eiermasse rühren. Kalt stellen.

9_ Die Sahne mit Vanillin-Zucker steif schlagen. Wenn die Eiermasse anfängt dicklich zu werden, Sahne und die Ananasstücke vorsichtig unterheben. Die Ananascreme auf den Bröselboden geben und glatt streichen. Die Torte etwa 3 Stunden in den Kühlschrank stellen.

10_ Nach Belieben zum Garnieren Schokolade mit einem Sparschäler zu Röllchen schaben. Beiseite gelegte Ananasscheiben in Stücke schneiden.

11_ Den Springformrand lösen und entfernen. Die Tortenoberfläche mit Ananasstücken garnieren. Mit den abgeschabten Schokoladenröllchen und Pistazienkernen bestreuen.

Pro Stück: E: 5 g, F: 15 g, Kh: 29 g, kJ: 1164, kcal: 278

Apfelcremetorte

12 Stücke – Einfach

Für den Boden:

125 g Löffelbiskuits

75 g abgezogene, gemahlene
   Mandeln

125 g Butter

Für die Füllung:

1 Pck. gemahlene Gelatine, weiß

4 EL kaltes Wasser

150 g Joghurt

6 EL Zucker

1 Pck. Dr. Oetker Vanillin-Zucker

Saft von 1 Zitrone

1 kleines Glas feines Apfelmus
   (Einwaage etwa 300 g)

500 g Schlagsahne

Für den Belag:

300 g Äpfel mit roter Schale

250 ml (¼ l) Apfelsaft, klar

Für den Guss:

1 Pck. Tortenguss, klar

250 ml (¼ l) Apfelsaft, klar von
   den Apfelspalten

1 EL Zucker

Zubereitungszeit: **60 Minuten,
ohne Abkühl- und Kühlzeit**

1_ Für den Boden Löffelbiskuits in einen Gefrierbeutel geben und den Beutel verschließen. Löffelbiskuits mit einer Teigrolle fein zerbröseln. Die Biskuitbrösel mit den Mandeln in eine Rührschüssel geben. Butter zerlassen, zu der Brösel-Mandel-Mischung geben und gut verrühren.

2_ Einen Springformrand (Ø 26 cm) auf eine mit Tortenspitze oder Backpapier belegte Tortenplatte stellen. Die Bröselmasse darin gleichmäßig verteilen und mit einem Löffel gut zu einem Boden andrücken. Tortenboden kalt stellen.

3_ Für die Füllung die Gelatine mit kaltem Wasser in einem kleinen Topf anrühren und 10 Minuten quellen lassen. Joghurt mit Zucker, Vanillin-Zucker, Zitronensaft und Apfelmus verrühren. Gelatine unter Rühren erwärmen, bis sie völlig gelöst ist. Die Gelatine mit etwa 2 Esslöffeln der Joghurt-Apfelmus-Masse verrühren, dann unter die restliche Joghurt-Apfelmus-Masse rühren. Kalt stellen.

4_ Die Sahne steif schlagen. Wenn die Masse anfängt dicklich zu werden, Sahne unterheben. Die Creme auf den Bröselboden geben und glatt streichen. Die Torte etwa 2 Stunden in den Kühlschrank stellen.

5_ Für den Belag Äpfel mit Schale waschen, abtrocknen, vierteln und entkernen. Apfelviertel mit Schale in Spalten schneiden. Den Apfelsaft in einem Topf zum Kochen bringen. Apfelspalten hinzugeben und aufkochen lassen. Apfelspalten in dem Apfelsaft erkalten lassen.

6_ Apfelspalten auf einem Sieb abtropfen lassen, dabei den Saft auffangen und 250 ml (¼ l) abmessen. Die Apfelspalten auf der Tortenoberfläche verteilen.

7_ Für den Guss aus Tortengusspulver, Apfelsaft und Zucker einen Guss nach Packungsanleitung zubereiten. Den Guss auf den Apfelspalten verteilen und fest werden lassen. Die Torte bis zum Servieren in den Kühlschrank stellen.

Pro Stück: E: 5 g, F: 26 g, Kh: 25 g, kJ: 1534, kcal: 367

Birnen-Zwieback-Torte
12 Stücke – Mit Alkohol

Für den Boden:

etwa 100 g Zwieback

100 g Butter

75 g brauner Zucker

1–2 EL Weinbrand oder
  Mandellikör

Für den Belag:

100 g Zartbitter-Schokolade

4 Blatt weiße Gelatine

400 g Schlagsahne

500 g Magerquark

1 Pck. Dr. Oetker Vanillin-Zucker

50 g Zucker

1 große Dose Birnenhälften
  (Abtropfgewicht 460 g)

1 Pck. Dr. Oetker Sahnesteif

1 TL Zucker

4 EL Preiselbeeren
  (aus dem Glas)

Zubereitungszeit: **45 Minuten,
ohne Kühlzeit**

1_ Für den Boden Zwiebäcke in einen Gefrierbeutel geben. Den Beutel verschließen. Zwiebäcke mit einer Teigrolle fein zerbröseln. Die Brösel in eine Rührschüssel geben.

2_ Die Butter zerlassen, mit Zucker und Weinbrand oder Likör zu den Zwiebackbröseln geben und gut verrühren.

3_ Einen Springformrand (Ø 26 cm) auf eine mit Tortenspitze oder Backpapier belegte Tortenplatte stellen. Die Bröselmasse darin gleichmäßig verteilen und mit einem Löffel gut zu einem Boden andrücken. Tortenboden kalt stellen.

4_ Für den Belag Schokolade in kleine Stücke schneiden oder hacken. Die Gelatine nach Packungsanleitung einweichen. Die Hälfte der Sahne steif schlagen. Quark, Vanillin-Zucker und Zucker gut verrühren, die Schokoladenstücke unterrühren.

5_ Eingeweichte Gelatine leicht ausdrücken und in einem kleinen Topf unter Rühren bei schwacher Hitze auflösen. Gelatine zuerst mit 3 Esslöffeln der Quarkmasse verrühren, dann unter die restliche Quarkcreme rühren. Geschlagene Sahne vorsichtig unterheben.

6_ Die Quark-Sahne-Creme auf dem Bröselboden verteilen und glatt streichen. Die Torte etwa 3 Stunden in den Kühlschrank stellen.

7_ In der Zwischenzeit Birnenhälften auf einem Sieb abtropfen lassen. Den Springformrand lösen und entfernen.

8_ Restliche Sahne mit Sahnesteif und Zucker steif schlagen, in einen Spritzbeutel mit Sterntülle füllen. Einen Kranz auf den Tortenrand spritzen. Die Torte mit Birnenhälften belegen und mit Sahnetuffs verzieren. Preiselbeeren in die Birnenhälften geben.

Pro Stück: E: 8 g, F: 20 g, Kh: 32 g, kJ: 1491, kcal: 356

Tipp: Die Torte nach Belieben mit etwas geschabter Zartbitter-Schokolade bestreuen.

Birnen-Charlotte

10 Stücke – Einfach

Für die Füllung:

1 Pck. gemahlene Gelatine, weiß

3 EL kaltes Wasser

1 Pck. Gala-Pudding-Pulver
  Schokoladen-Geschmack

3 gut geh. EL Zucker (75 g)

500 ml (½ l) Milch

Für den Rand und Boden:

150 g Löffelbiskuits

50 g Butter

1 Dose Birnenhälften
  (Abtropfgewicht 260 g)

250 g Schlagsahne

30 g geschabte Vollmilch-
  Schokolade

**Zubereitungszeit: 40 Minuten,
ohne Kühlzeit**

1_ Für die Füllung die Gelatine mit kaltem Wasser in einem kleinen Topf anrühren und 10 Minuten quellen lassen.

2_ In der Zwischenzeit aus Pudding-Pulver, Zucker und Milch nach Packungsanleitung einen Pudding zubereiten. Den Topf von der Kochstelle nehmen. Die gequollene Gelatine zu der Puddingmasse geben und unter Rühren auflösen. Den Pudding kalt stellen, dabei ab und zu umrühren.

3_ Einen Springformrand (Ø 24 cm) auf eine mit Tortenspitze oder Backpapier belegte Tortenplatte stellen.

4_ Für den Rand Löffelbiskuits waagerecht halbieren. Löffelbiskuithälften so an den Springformrand stellen, dass die Zuckerseite nach außen und die Wölbung nach oben zeigt. Restliche Löffelbiskuits in einen Gefrierbeutel füllen. Den Beutel verschließen. Löffelbiskuits mit einer Teigrolle fein zerbröseln. Butter zerlassen, zu den Biskuitbröseln geben und gut verrühren.

5_ Die Bröselmasse in den Springformrand geben und vorsichtig mit einem Löffel zu einem Boden andrücken. Tortenboden kalt stellen.

6_ Die Birnenhälften auf einem Sieb abtropfen lassen. Die Sahne steif schlagen. Die Birnenhälften in Spalten schneiden.

7_ Sobald die Puddingmasse anfängt dicklich zu werden, die Sahne unterheben. Die Schokoladencreme vorsichtig auf den Bröselboden in den Springformrand geben. Die Birnenspalten auf die Creme legen und leicht eindrücken. Charlotte etwa 3 Stunden in den Kühlschrank stellen.

8_ Den Springformrand lösen und entfernen. Birnen-Charlotte mit geschabter Schokolade bestreuen.

Pro Stück: E: 5 g, F: 16 g, Kh: 31 g, kJ: 1237, kcal: 295

Blutorangen-Charlotte-Torte

10 Stücke – Fruchtig-herb

Für den Boden und Rand:

1 Pck. Orangengebäck (125 g)

50 g abgezogene, gemahlene
Mandeln

75 g Butter

Für den Belag:

etwa 8 Blutorangen

2 Eier (Größe M)

75 g Zucker

6 Blatt weiße Gelatine

125 ml (⅛ l) Blutorangensaft von
den Blutorangen

150 g Joghurt

250 g Schlagsahne

1 Pck. Dr. Oetker Vanillin-Zucker

etwa 200 g Blutorangenfilets
von den Blutorangen

Zum Garnieren:

etwa 2 Blutorangen

**Zubereitungszeit: 40 Minuten,
ohne Kühlzeit**

1_ Für den Boden und Rand von dem Orangengebäck etwa 20 Kekse beiseitelegen. Restliches Orangengebäck in einen Gefrierbeutel geben, Beutel verschließen. Orangengebäck mit einer Teigrolle fein zerbröseln. Gebäckbrösel in eine Rührschüssel geben und mit den Mandeln gut vermischen. Butter zerlassen, zu der Brösel-Mandel-Mischung geben und gut verrühren.

2_ Einen Springformrand (Ø 24 cm) auf eine mit Tortenspitze oder Backpapier belegte Tortenplatte stellen. Die Bröselmasse gleichmäßig darin verteilen und mit einem Löffel gut zu einem Boden andrücken. Die beiseite gelegten Kekse so an den Springformrand stellen, dass jeweils die gewölbte Seite nach außen zeigt. Kekse etwas in den Bröselboden drücken. Den Bröselboden in den Kühlschrank stellen.

3_ Für den Belag 4 Blutorangen so schälen, dass die weiße Haut vollständig entfernt wird. Orangen filetieren und 200 g abwiegen. Die Orangenfilets halbieren, auf ein Sieb geben und den Saft auffangen. Restliche Blutorangen halbieren und den Saft auspressen. Von diesem Saft und dem aufgefangenen Orangensaft insgesamt 125 ml (⅛ l) abmessen.

4_ Eier und Zucker in eine Edelstahlschüssel geben und im heißen Wasserbad mit Handrührgerät mit Rührbesen bei mittlerer Hitze schaumig schlagen, bis eine dickflüssige Masse entstanden ist.

5_ Gelatine nach Packungsanleitung einweichen. Gelatine leicht ausdrücken und in einem kleinen Topf unter Rühren bei schwacher Hitze auflösen. Zuerst die aufgelöste Gelatine, dann den Orangensaft und Joghurt unter die Eiermasse rühren. Die Masse unter Rühren erkalten lassen.

6_ Sahne mit Vanillin-Zucker steif schlagen. Wenn die Eiermasse anfängt dicklich zu werden, die Sahne und Orangenfilets unterheben. Die Orangencreme auf den Bröselboden geben und glatt streichen. Die Torte etwa 3 Stunden in den Kühlschrank stellen.

7_ Zum Garnieren Blutorangen so schälen, dass die weiße Haut vollständig entfernt wird. Orangen in dünne Scheiben schneiden.

8_ Den Springformrand lösen und entfernen. Die Tortenoberfläche mit Orangenscheiben garnieren.

Pro Stück: E: 5 g, F: 21 g, Kh: 22 g, kJ: 1280, kcal: 306

Hinweis: Nur ganz frische Eier verwenden, die nicht älter als 5 Tage sind (Legedatum beachten!).

Cantuccini-Torte

12 Stücke – Raffiniert

Für den Boden:

200 g Cantuccini
  (ital. Mandelgebäck)
2–3 EL Espresso-Kaffee
100 g Zartbitter-Schokolade
  (50 % Kakao)
20 g Butter

Für die Creme:

4 Blatt weiße Gelatine
250 g Ricotta (ital. Frischkäse)
½ TL gemahlener Zimt
50 g Zucker
1 TL Dr. Oetker Finesse Geriebene
  Zitronenschale
300 g Schlagsahne

Für den Belag:

1 reife Mango (etwa 500 g)
1 Pck. Tortenguss, klar
1–2 EL Zucker
250 ml (¼ l) klarer Apfelsaft

Zubereitungszeit: **50 Minuten,
ohne Kühlzeit**

1_ Für den Boden Cantuccini grob zerkleinern und in mehreren Portionen im Zerkleinerer oder Mixer fein hacken und in eine Rührschüssel geben. Espresso auf die Cantuccini-Stücke träufeln und einziehen lassen.

2_ Schokolade in kleine Stücke brechen, mit der Butter in einer kleinen Schüssel im heißen Wasserbad bei schwacher Hitze unter Rühren schmelzen. Die Schokoladenbutter zu den Cantuccini-Stücken geben und gut vermengen.

3_ Einen Springformrand (Ø 26 cm) auf eine mit Tortenspitze oder Backpapier belegte Tortenplatte stellen. Die Bröselmasse darin gleichmäßig verteilen und mit einem Löffel gut zu einem Boden andrücken. Tortenboden kalt stellen.

4_ Für die Creme die Gelatine nach Packungsanleitung einweichen. Ricotta mit Zimt, Zucker und Zitronenschale verrühren. Gelatine leicht ausdrücken und in einem kleinen Topf bei schwacher Hitze unter Rühren auflösen. Etwa 4 Esslöffel Ricotta unter die Gelatine rühren. Dann unter den restlichen Ricotta rühren.

5_ Sahne steif schlagen und unter die Ricottamasse heben. Die Creme auf den Tortenboden geben und glatt streichen. Die Torte mindestens 2 Stunden in den Kühlschrank stellen.

6_ Für den Belag Mango halbieren, den Stein herauslösen. Mangohälften schälen oder mit einem Löffel aus der Schale lösen. Fruchtfleisch in dünne Scheiben schneiden und kreisförmig auf der Tortenoberfläche verteilen.

7_ Aus Tortengusspulver, Zucker und Apfelsaft nach Packungsanleitung einen Guss zubereiten. Den Guss von der Tortenmitte aus auf den Mangoscheiben verteilen. Torte nochmals in den Kühlschrank stellen, bis der Guss fest ist. Den Springformrand lösen und entfernen.

Pro Stück: E: 10 g, F: 17 g, Kh: 29 g, kJ: 1332, kcal: 318

Espresso-Torte

12 Stücke – Für Gäste

Für den Tortenboden:

200 g einfache Karamellkekse
(oder dünne belgische
Butterwaffeln)
100 g Butter

Für die Espresso-Creme:

6 Blatt weiße Gelatine
100 ml Espresso-Kaffee oder
starker Kaffee
500 g Ricotta (ital. Frischkäse)
250 g Speisequark (20 % Fett)
100 g Zucker
1 Pck. Dr. Oetker Bourbon-
Vanille-Zucker
40 g schokolierte Vollmilch-
Espresso-Bohnen
250 g Schlagsahne

Zum Garnieren:

75 g Zartbitter-Kuvertüre
200 g Schlagsahne
30 g schokolierte Zartbitter-
Espresso-Bohnen
etwas Kakaopulver

Zubereitungszeit: **50 Minuten,
ohne Kühlzeit**

1_ Für den Boden Kekse oder Waffeln in Stücke brechen und in einen Gefrierbeutel geben. Den Beutel verschließen. Die Kekse mit einer Teigrolle zerbröseln und in eine Rührschüssel geben. Butter zerlassen, zu den Keksbröseln geben und gut vermischen.

2_ Einen Springformrand (Ø 26 cm) auf eine mit Tortenspitze oder Backpapier belegte Tortenplatte stellen. Die Bröselmasse darin gleichmäßig verteilen und mit einem Löffel gut zu einem Boden andrücken. Tortenboden kalt stellen.

3_ Für die Creme Gelatine nach Packungsanleitung einweichen. Espresso oder starken Kaffee mit Ricotta, Quark, Zucker und Vanille-Zucker verrühren. Eingeweichte Gelatine leicht ausdrücken und in einem kleinen Topf unter Rühren bei schwacher Hitze auflösen. Gelatine mit etwa 4 Esslöffeln der Ricottamasse verrühren, dann unter die restliche Ricottamasse rühren. Kalt stellen.

4_ Espresso-Bohnen hacken. Die Sahne steif schlagen. Sobald die Ricottamasse anfängt dicklich zu werden, Sahne mit den gehackten Espresso-Bohnen unterheben. Die Creme auf den Bröselboden geben und glatt streichen. Die Torte mindestens 2 Stunden in den Kühlschrank stellen.

5_ Zum Garnieren Kuvertüre in kleine Stücke hacken und in einem kleinen Topf im heißen Wasserbad bei schwacher Hitze unter Rühren schmelzen. Die Schüssel aus dem Wasserbad nehmen. Kuvertüre auf eine Platte oder ein Backblech gießen, dünn verstreichen und wieder fest werden lassen. Mit einem Spachtel breite Schokoladenlocken abschaben und kühl aufbewahren.

6_ Den Springformrand mit einem Messer lösen und entfernen.

7_ Sahne steif schlagen, auf die Torte streichen und mit einer Gabel ein Muster in die Torte ziehen. Tortenstücke auf der Oberfläche markieren. Torte nochmals kurz kalt stellen.

8_ Vor dem Servieren die markierten Stücke mit Espresso-Bohnen und den kühl gestellten Schokolocken garnieren. Mit Kakao bestäuben.

Pro Stück: E: 10 g, F: 35 g, Kh: 28 g, kJ: 1987, kcal: 481

Tipp: Die Torte kann bereits am Vortag zubereitet werden. Soll die Torte fruchtig sein, kann auf dem Boden zuerst eine Schicht gut abgetropfter Sauerkirschen (aus dem Glas) verteilt werden. Dann die Oberfläche zusätzlich mit Sauerkirschen garnieren.

Frischkäse-Melonen-Torte

10 Stücke – Für Gäste – etwas teurer

Für den Boden:

150 g Löffelbiskuits

100 g zerlassene Butter

Für die Füllung:

1 Beutel aus 1 Pck. Götterspeise
  Waldmeister-Geschmack

250 ml (¼ l) Wasser

50 g Zucker

200 g Doppelrahm-Frischkäse

75 g Zucker

1 Pck. Dr. Oetker Vanillin-Zucker

2 EL Zitronensaft

400 g Schlagsahne

Zum Garnieren:

Wassermelone (in Kugeln)

Zitronenmelisseblättchen

**Zubereitungszeit: 45 Minuten,
ohne Kühl- und Quellzeit**

1_ Für den Boden Löffelbiskuits in einen Gefrierbeutel geben. Den Beutel verschließen. Löffelbiskuits mit einer Teigrolle zerbröseln. Brösel in eine Rührschüssel geben. Butter zerlassen, zu den Biskuitbröseln geben und gut verrühren.

2_ Einen Springformrand (Ø 24 cm) auf eine mit Tortenspitze oder Backpapier belegte Tortenplatte stellen. Die Bröselmasse darin gleichmäßig verteilen und mit einem Löffel gut zu einem Boden andrücken. Tortenboden kalt stellen.

3_ Für die Füllung die Götterspeise mit der Hälfte des Wassers in einem Topf verrühren und etwa 10 Minuten quellen lassen.

4_ Anschließend Zucker hinzufügen, unter Rühren erhitzen (nicht kochen), restliches Wasser unterrühren. Götterspeise kalt stellen.

5_ Den Frischkäse mit Zucker, Vanillin-Zucker und Zitronensaft gut verrühren. Sahne steif schlagen.

6_ Wenn die Götterspeise anfängt dicklich zu werden, zunächst die Frischkäsemasse und dann die Sahne (2 Esslöffel der Sahne beiseitestellen) unterheben.

7_ Die Frischkäse-Sahne-Creme auf dem Bröselboden verteilen, glatt streichen und kalt stellen. Creme fest werden lassen. Die beiseite gestellte Sahne in Tuffs auf die Tortenoberfläche geben und mit einer Gabel locker durchziehen. Die Torte etwa 3 Stunden in den Kühlschrank stellen.

8_ Springformrand lösen und entfernen. Die Torte mit Wassermelonenkugeln und abgespülten, trocken getupften Zitronenmelisseblättchen garnieren.

Pro Stück: E: 6 g, F: 28 g, Kh: 31 g, kJ: 1612, kcal: 385

Tipps: Maximal einen Tag vor dem Verzehr zubereiten. Schmeckt auch gut mit Himbeer-Götterspeise und Himbeeren und Johannisbeeren.

Abwandlung: Statt der Löffelbiskuits 150 g Eiswaffeln zerbröseln und mit der Butter verrühren. Sie können als Dekoration auch kurz vor dem Verzehr Löffelbiskuits oder Eiswaffeln um die Torte stellen. Eventuell etwas Johannisbeergelee vorher an den Tortenrand streichen. Oder den zweiten Beutel Götterspeise aus der Packung mit 400 ml Wasser nach Packungsanleitung zubereiten und in ein flaches Gefäß geben. Die Götterspeise fest werden lassen, in Würfel schneiden und auf der Tortenoberfläche verteilen.

Charlotte-Russe-Torte

10 Stücke – Raffiniert

Für den Boden und Rand:

150 g Löffelbiskuits

Für die Füllung:

1 Dose Aprikosenhälften
   (Abtropfgewicht 250 g)
6 Blatt weiße Gelatine
250 ml (¼ l) Milch
½ Dr. Oetker Vanilleschote
3 Eigelb (Größe M)
80 g Zucker
250 g Schlagsahne
1 Pck. Dr. Oetker Sahnesteif

Zubereitungszeit: **40 Minuten,
ohne Kühlzeit**

1_ Für den Boden und Rand einen Springformrand (Ø 24 cm) auf eine mit Tortenspitze oder Backpapier belegte Tortenplatte stellen.

2_ Etwa zwei Drittel der Löffelbiskuits mit einem Messer halbieren. Löffelbiskuithälften so an den Springformrand stellen, dass die Zuckerseite nach außen zeigt und die Schnittflächen auf dem Boden stehen. Den Boden mit den restlichen Löffelbiskuits auslegen.

3_ Für die Füllung Aprikosenhälften auf einem Sieb abtropfen lassen. Aprikosenhälften (3 Aprikosenhälften beiseitelegen) mit einem Stabmixer pürieren. Gelatine in kaltem Wasser nach Packungsanleitung einweichen.

4_ In der Zwischenzeit Milch in einen Topf geben. Vanilleschote längs aufschneiden, das Mark herausschaben und zu der Milch geben. Die Milch zum Kochen bringen. Den Topf anschließend von der Kochstelle nehmen.

5_ Eigelb und Zucker in eine Edelstahlschüssel geben und im heißen Wasserbad bei mittlerer Hitze schaumig schlagen, bis eine dickflüssige Masse entstanden ist. Die Vanillemilch hinzugeben.

6_ Gelatine leicht ausdrücken, zu der Eigelb-Milch-Masse geben und unter Rühren auflösen. Die Schüssel aus dem Wasserbad nehmen. Die Masse unter mehrmaligem Rühren erkalten lassen.

7_ Sahne steif schlagen. Wenn die Masse anfängt dicklich zu werden, Sahne unterheben.

8_ Ein Drittel der Creme auf den Tortenboden geben und glatt streichen. Aprikosenpüree mit Sahnesteif verrühren. Gut die Hälfte des Aprikosenpürees mit einem Esslöffel auf die Creme geben und verteilen.

9_ Restliche Creme daraufgeben und glatt streichen. Restliches Aprikosenpüree in Klecksen auf die Creme geben, mit einer Gabel marmorieren.

10_ Die beiseite gelegte Aprikosenhälften in Spalten schneiden. Die Tortenoberfläche damit garnieren. Die Torte etwa 2 Stunden in den Kühlschrank stellen. Den Springformrand lösen und entfernen.

Pro Stück: E: 5 g, F: 12 g, Kh: 26 g, kJ: 980, kcal: 234

Hinweis: Nur ganz frische Eigelb verwenden, die nicht älter als 5 Tage sind (Legedatum beachten!).

Früchte-Joghurt-Torte

8 Stücke – Erfrischend

Für den Boden:

100 g Löffelbiskuits

50 g Butter

Für die Füllung:

5 Blatt weiße Gelatine

300 g Joghurt

50 g Zucker

1 Pck. Dr. Oetker Vanillin-Zucker

1–2 EL Zitronensaft

200 g Schlagsahne

Für den Belag:

400 g vorbereitetes, frisches
  Obst der Saison, z. B. Erdbee-
  ren, Nektarinen, Heidelbeeren,
  Johannisbeeren

½ Pck. gezuckerter Tortenguss,
  klar

125 ml (⅛ l) Apfelsaft

Zubereitungszeit: **40 Minuten,
ohne Kühlzeit**

1_ Für den Boden Löffelbiskuits in einen Gefrierbeutel geben. Den Beutel verschließen. Löffelbiskuits mit einer Teigrolle fein zerbröseln. Brösel in eine Rührschüssel geben. Butter zerlassen, zu den Biskuitbröseln geben und gut verrühren.

2_ Einen Springformrand (Ø 20 cm) auf eine mit Tortenspitze oder Back-papier belegte, kleine Tortenplatte stellen. Die Bröselmasse darin gleichmäßig verteilen und mit einem Löffel gut zu einem Boden andrücken. Tortenboden kalt stellen.

3_ Für die Füllung die Gelatine nach Packungsanleitung einweichen. Joghurt mit Zucker, Vanillin-Zucker und Zitronensaft verrühren. Die ein-geweichte Gelatine leicht ausdrücken und in einem kleinen Topf unter Rühren bei schwacher Hitze auflösen. Gelatine mit etwa 3 Esslöffeln von der Joghurtmasse verrühren, dann unter die restliche Joghurtmasse rühren und kalt stellen.

4_ Die Sahne steif schlagen. Wenn die Masse anfängt dicklich zu werden, Sahne unterheben. Die Creme auf den Bröselboden geben und glatt streichen. Die Torte 2–3 Stunden in den Kühlschrank stellen.

5_ Für den Belag die Torte mit dem vorbereiteten Obst belegen. Aus Tortengusspulver und Apfelsaft nach Packungsanleitung einen Guss zubereiten. Den Guss auf dem Obst verteilen. Die Torte in den Kühlschrank stellen und den Guss fest werden lassen.

6_ Den Springformrand lösen und entfernen.

Pro Stück: E: 8 g, F: 15 g, Kh: 23 g, kJ: 1135, kcal: 272

Tipp: Für eine große Torte benötigen Sie einen Springformrand (Ø 26 cm) und die doppelte Menge der Zutaten.

Erdbeer-Charlotte-Torte

12 Stücke – Fruchtig – (Titelrezept)

Für den Boden und Rand:

200 g feine Eierbiskotten

50 g abgezogene, gemahlene
  Mandeln

100 g Butter

Für den Belag:

8 Blatt weiße Gelatine

200 ml Milch

3 Eier (Größe M)

75 g Zucker

3 EL Zitronensaft

250 g Crème fraîche

200 g Schlagsahne

1 Pck. Dr. Oetker Vanillin-Zucker

400 g Erdbeeren

Für den Guss:

1 Pck. Tortenguss, klar

250 ml (¼ l) Apelsaft

Zubereitungszeit: **45 Minuten,
ohne Kühlzeit**

1_ Für den Boden und Rand etwa 75 g Eierbiskotten mit einem Messer halbieren und beiseitelegen. Restliche Eierbiskotten in einen Gefrierbeutel geben, den Beutel verschließen. Eierbiskotten mit einer Teigrolle fein zerbröseln. Die Brösel mit den Mandeln in einer Rührschüssel vermischen. Butter zerlassen, zu der Brösel-Mandel-Mischung geben und gut verrühren.

2_ Einen Springformrand (Ø 26 cm) auf eine mit Tortenspitze oder Backpapier belegte Tortenplatte stellen. Die Bröselmasse darin gleichmäßig verteilen und mit einem Löffel gut zu einem Boden andrücken.

3_ Die beiseite gelegten Eierbiskottenhälften so an den Springformrand stellen, dass die runde Seite nach außen zeigt und die Schnittflächen auf dem Boden stehen. Biskottenhälften etwas in den Bröselboden drücken. Den Tortenboden in den Kühlschrank stellen.

4_ Für den Belag Gelatine nach Packungsanleitung einweichen. Milch in einem Topf erhitzen. Eier und Zucker in eine Edelstahlschüssel geben und im heißen Wasserbad bei mittlerer Hitze schaumig schlagen, bis eine dickflüssige Masse entstanden ist. Milch hinzugeben.

5_ Die Gelatine leicht ausdrücken, zu der Eier-Milch-Flüssigkeit geben und unter Rühren auflösen (nicht kochen). Die Schüssel aus dem Wasserbad nehmen. Eier-Milch-Flüssigkeit unter Rühren erkalten lassen. Zitronensaft und Crème fraîche unterrühren.

6_ Sahne mit Vanillin-Zucker steif schlagen. Wenn die Eier-Crème-fraîche-Masse anfängt dicklich zu werden, Sahne unterheben.

7_ Erdbeeren putzen, waschen, abtropfen lassen und entstielen. Die Hälfte der Erdbeeren vierteln. Restliche Erdbeeren beiseitelegen.

8_ Ein Drittel der Sahnecreme auf den Bröselboden geben, verstreichen. Erdbeerviertel darauf verteilen. Restliche Sahnecreme daraufgeben und glatt streichen. Die Torte etwa 2 Stunden in den Kühlschrank stellen.

9_ Beiseite gelegte Erdbeeren in Scheiben schneiden und auf die Tortenoberfläche legen. Für den Guss aus Tortengusspulver und Apfelsaft einen Guss nach Packungsanleitung zubereiten, etwas abkühlen lassen. Den Guss vorsichtig auf den Erdbeerscheiben verteilen. Die Torte nochmals etwa 1 Stunde in den Kühlschrank stellen. Dann den Springformrand lösen und entfernen.

Pro Stück: E: 6 g, F: 23 g, Kh: 25 g, kJ: 1419, kcal: 340

Hinweis: Nur ganz frische Eier verwenden, die nicht älter als 5 Tage sind (Legedatum beachten!).

Frühlingstorte

14 Stücke – Mit Alkohol

Für den Tortenboden:

100 g bunte Schaumkrönchen
   (Mini-Baiser-Tupfen)
200 g weiße Schokolade
50 g Butter
30 g Zartbitter-Schokolade
   (50 % Kakao)
1 Pck. Dr. Oetker Finesse
   Geriebene Zitronenschale

Für die Eierlikörcreme:

8 Blatt weiße Gelatine
150 ml Eierlikör
120 g Zucker
750 g Speisequark (20 % Fett)
200 g Himbeeren
200 g Schlagsahne

Zum Garnieren:

20 g Zartbitter-Schokolade
   (50 % Kakao)
40 g bunte Schaumkrönchen
   (Mini-Baiser-Tupfen)
14 vorbereitete Himbeeren
evtl. Eierlikör

**Zubereitungszeit: 45 Minuten,
ohne Kühlzeit**

1_ Für den Tortenboden die bunten Schaumkrönchen mit den Fingern zerbröseln und in eine Rührschüssel geben. Weiße Schokolade in Stücke brechen, mit der Butter in einem kleinen Topf im heißen Wasserbad bei schwacher Hitze unter Rühren schmelzen. Schokolade etwas abkühlen lassen.

2_ Zartbitter-Schokolade in kleine Stücke hacken und mit der Zitronenschale zu den Bröseln geben. Weiße Schokolade unterrühren.

3_ Einen Springformrand (Ø 26 cm) auf eine mit Tortenspitze oder Backpapier belegte Tortenplatte stellen. Die Bröselmasse darin gleichmäßig verteilen und mit einem Löffel gut zu einem Boden andrücken. Den Tortenboden kalt stellen.

4_ Für die Eierlikörcreme Gelatine nach Packungsanleitung einweichen. Eierlikör, Zucker und Quark verrühren. Himbeeren verlesen.

5_ Eingeweichte Gelatine leicht ausdrücken und in einem kleinen Topf unter Rühren bei schwacher Hitze auflösen. Gelatine mit etwa 4 Esslöffeln der Quarkmasse verrühren, dann unter die restliche Quarkmasse rühren und kalt stellen.

6_ Himbeeren auf dem Bröselboden verteilen. Sahne steif schlagen. Sobald die Quarkmasse anfängt dicklich zu werden, Sahne unterheben. Die Quark-Sahne-Creme kuppelartig auf die Himbeeren geben. Dann mit einem Teelöffel von außen nach innen breite Streifen ziehen, sodass 14 Tortenstücke entstehen. Die Torte mindestens 2 Stunden in den Kühlschrank stellen. Den Springformrand lösen und entfernen.

7_ Zum Garnieren Schokolade in Stücke hacken. Die Torte mit Schaumkrönchen, Himbeeren und gehackter Schokolade garnieren. Eventuell etwas Eierlikör auf die Torte träufeln.

Pro Stück: E: 10 g, F: 16 g, Kh: 33 g, kJ: 1406, kcal: 336

Tipp: Anstelle von gehackter Schokolade können Sie für den Tortenboden und zum Garnieren Schokoblättchen verwenden.

Haselnuss-Birnen-Torte

12 Stücke – Mit Alkohol

Zum Tränken:

100 ml Milch

100 ml Birnenlikör

250 g Löffelbiskuits

Für die Füllung:

1 Dose Birnenhälften
  (Abtropfgewicht 460 g)

100 g gehackte Haselnusskerne

6 Blatt weiße Gelatine

200 g Doppelrahm-Frischkäse

100 g Zucker

Saft von 1–2 Zitronen

400 g Schlagsahne

Zum Verzieren und Garnieren:

200 g Schlagsahne

12 Haselnusskerne

Zubereitungszeit: **50 Minuten, ohne Abkühl- und Kühlzeit**

1_ Zum Tränken Milch mit Birnenlikör verrühren. Einen Springformrand (Ø 26 cm) auf eine mit Tortenspitze oder Backpapier belegte Tortenplatte stellen. Dann gut die Hälfte der Löffelbiskuits darauflegen und mit der Hälfte der Milch-Birnenlikör-Mischung bestreichen.

2_ Für die Füllung Birnenhälften auf einem Sieb abtropfen lassen. Eine Birnenhälfte beiseitelegen. Restliche Birnenhälften in kleine Würfel schneiden. Haselnusskerne in einer Pfanne ohne Fett anrösten, herausnehmen und auf einem Teller erkalten lassen. 75 g abwiegen.

3_ Gelatine nach Packungsanleitung einweichen. Frischkäse mit Zucker und Zitronensaft verrühren. Die eingeweichte Gelatine leicht ausdrücken und in einem kleinen Topf unter Rühren bei schwacher Hitze auflösen. Gelatine mit etwa 2 Esslöffeln der Frischkäsemasse verrühren, dann unter die restliche Frischkäsemasse rühren. 75 g Haselnusskerne hinzufügen.

4_ Sahne steif schlagen, mit den Birnenwürfeln unter die Frischkäsemasse heben. Die Hälfte der Frischkäse-Birnen-Creme auf die getränkten Löffelbiskuits geben und glatt streichen. Die restlichen Löffelbiskuits darauflegen und mit der restlichen Milch-Birnenlikör-Mischung bestreichen. Restliche Frischkäse-Birnen-Creme daraufgeben und glatt streichen. Die Torte mindestens 2 Stunden in den Kühlschrank stellen.

5_ Den Springformrand lösen und entfernen. Zum Verzieren und Garnieren Sahne steif schlagen, in einen Spritzbeutel mit Lochtülle füllen. Tortenoberfläche mit großen Sahnetuffs verzieren und mit je 1 Haselnusskern belegen.

6_ Die restliche Birnenhälfte in dünne Spalten schneiden. Die Torte mit den Birnenspalten belegen und mit den restlichen gehackten Haselnüssen bestreuen.

Pro Stück: E: 7 g, F: 31 g, Kh: 32 g, kJ: 1948, kcal: 466

Tipp: Wenn die Torte ohne Alkohol zubereitet werden soll, den Birnenlikör durch Birnensaft ersetzen oder 200 ml Milch zum Tränken der Löffelbiskuits verwenden. Statt Birnen können auch die gleiche Menge gedünstete Apfelwürfel verwendet werden.

Himbeer-Tiramisu-Torte

10 Stücke – Mit Alkohol

Zum Vorbereiten:

300 g TK-Himbeeren

Zum Bestreichen:

1 gestr. TL Instant-Espresso-
   Pulver
1 EL heißes Wasser
2 EL Mandellikör (etwa 30 ml)

Für den Boden:

100 g Löffelbiskuits

Für die Füllung:

5 Blatt weiße Gelatine
500 g Speisequark (Magerstufe)
250 g Mascarpone
   (ital. Frischkäse)
100 g Zucker
1 Pck. Dr. Oetker Bourbon-
   Vanille-Zucker
200 g Schlagsahne

Für den Belag:

2 Pck. Dr. Oetker Sahnesteif
1 Pck. Dr. Oetker Vanillin-Zucker
100 g Löffelbiskuits

Zum Bestäuben:

Kakaopulver

Zubereitungszeit: **40 Minuten,
ohne Auftau-, Abkühl- und
Kühlzeit**

1_ Zum Vorbereiten Himbeeren nach Packungsanleitung auftauen lassen.

2_ Zum Bestreichen Espresso-Pulver in heißem Wasser auflösen. Mandellikör unterrühren und erkalten lassen.

3_ Für den Boden die Löffelbiskuits in grobe Stücke schneiden. Einen Springformrand (Ø 24 cm) auf eine mit Tortenspitze oder Backpapier belegte Tortenplatte stellen. Die Löffelbiskuitstücke darin gleichmäßig verteilen, sodass ein Boden entsteht.

4_ Für die Füllung die Gelatine nach Packungsanleitung einweichen. Quark mit Mascarpone, Zucker und Vanille-Zucker verrühren. Eingeweichte Gelatine leicht ausdrücken und in einem kleinen Topf unter Rühren bei schwacher Hitze auflösen.

5_ Zwei bis drei Esslöffel von der Quarkmasse unter die Gelatine rühren, dann mit der restlichen Quarkmasse verrühren. Die Sahne steif schlagen und unterheben. Knapp die Hälfte der Quark-Sahne-Creme vorsichtig esslöffelweise auf dem Löffelbiskuitboden verteilen.

6_ Für den Belag Sahnesteif mit Vanillin-Zucker mischen und vorsichtig unter die aufgetauten Himbeeren rühren. Die Himbeeren auf der Quark-Sahne-Creme verteilen. Die ganzen Löffelbiskuits auf die Himbeeren legen und mit der Espresso-Likör-Mischung bestreichen. Restliche Quark-Sahne-Creme daraufgeben und wellenartig verstreichen. Die Torte etwa 3 Stunden in den Kühlschrank stellen.

7_ Den Springformrand lösen und entfernen. Die Tortenoberfläche mit Kakao bestäuben und servieren.

Pro Stück: E: 12 g, F: 19 g, Kh: 33 g, kJ: 1524, kcal: 364

Jamaika-Reistorte

10 Stücke – Mit Alkohol

Für die Füllung:
4 Blatt weiße Gelatine
500 ml (½ l) Milch
1 Pck. Milchreis nach
   klassischer Art
40 ml Jamaika-Rum
200 g Schlagsahne

Für den Boden:
100 g Löffelbiskuits
70 g Butter

Für den Belag:
1 Glas Sauerkirschen
   (Abtropfgewicht 370 g)

Für den Guss:
1 Pck. Tortenguss, klar
250 ml (¼ l) Sauerkirschsaft
   aus dem Glas

Zubereitungszeit: **30 Minuten,
ohne Abkühl- und Kühlzeit**

1_ Für die Füllung Gelatine nach Packungsanleitung einweichen.

2_ Aus Milch und Milchreis nach Packungsanleitung einen Milchreis zubereiten. Die eingeweichte Gelatine leicht ausdrücken, zu dem heißen Milchreis geben und unter Rühren auflösen. Milchreis erkalten lassen. Rum unterrühren.

3_ Für den Boden Löffelbiskuits in einen Gefrierbeutel geben, den Beutel verschließen. Die Löffelbiskuits mit einer Teigrolle fein zerbröseln. Dann die Brösel in eine Rührschüssel geben. Butter zerlassen, zu den Bröseln geben und gut verrühren.

4_ Einen Springformrand (Ø 24 cm) auf eine mit Tortenspitze oder Backpapier belegte Tortenplatte stellen. Die Bröselmasse darin gleichmäßig verteilen und mit einem Löffel gut zu einem Boden andrücken. Tortenboden kalt stellen.

5_ Die Sahne steif schlagen und unter den erkalteten Milchreis heben. Die Reismasse auf dem Bröselboden verteilen und glatt streichen. Die Torte etwa 2 Stunden in den Kühlschrank stellen.

6_ Für den Belag Sauerkirschen auf einem Sieb abtropfen lassen, den Saft auffangen und 250 ml (¼ l) abmessen. Die Sauerkirschen auf der Tortenoberfläche verteilen.

7_ Für den Guss aus Tortengusspulver und Sauerkirschsaft einen Guss nach Packungsanleitung (aber ohne Zucker) zubereiten. Den Guss von der Mitte aus auf den Sauerkirschen verteilen und fest werden lassen. Die Torte nochmals etwa 30 Minuten in den Kühlschrank stellen.

8_ Den Springformrand lösen und entfernen.

Pro Stück: E: 5 g, F: 15 g, Kh: 31 g, kJ: 1239, kcal: 295

Tipp: Statt Schlagsahne können Sie auch 250 g Speisequark (40 % Fett) unter den erkalteten Milchreis rühren.

Knuspertorte mit Quark

12 Stücke – Einfach – für Kinder

Für den Boden und die Schoko-Müsli-Häufchen:

100 g Vollmilch-Schokolade
100 g Zartbitter-Schokolade
200 g Knuspermüsli

Für den Belag:

1 kleine Galia-Melone
  (etwa 600 g)
1 Dose Mandarinen
  (Abtropfgewicht 175 g)
1 Pck. Käse-Sahne Tortencreme
500 g Speisequark (Magerstufe)
500 g Schlagsahne
200 ml Mandarinensaft aus der
  Dose, mit Wasser aufgefüllt

Zubereitungszeit: **30 Minuten,
ohne Kühlzeit**

1_ Für den Boden und die Schoko-Müsli-Häufchen Vollmilch- und Zart-bitter-Schokolade in Stücke brechen, zusammen in einem kleinen Topf im heißen Wasserbad bei schwacher Hitze unter Rühren schmelzen. Müsli in eine Rührschüssel geben, Schokolade gut unterrühren. Von der Masse mit zwei Teelöffeln 12 kleine Häufchen abstechen, auf ein mit Speiseöl bestrichenes Stück Backpapier setzen.

2_ Einen Springformrand (Ø 26 cm) auf eine mit Tortenspitze oder Back-papier belegte Tortenplatte stellen. Restliche Schoko-Müsli-Masse darin gleichmäßig verteilen und mit einem Löffel gut zu einem Boden andrücken. Tortenboden etwa 30 Minuten kalt stellen.

3_ Für den Belag die Melone vierteln und entkernen. Das Fruchtfleisch von der Schale schneiden. Drei Melonenviertel in kleine Würfel, restliches Fruchtfleisch (etwa 150 g) in Spalten schneiden und abgedeckt beiseite-stellen.

4_ Die Mandarinen auf einem Sieb abtropfen lassen, dabei den Saft auf-fangen. Mandarinensaft mit Wasser auf 200 ml auffüllen. Die Torten-creme nach Packungsanleitung mit dem Quark und der Sahne, aber mit dem abgemessenen Saft anstelle des Wassers zubereiten.

5_ Abgetropfte Melonenwürfel und zwei Drittel der Mandarinen unter die Creme heben. Die Creme auf den Schoko-Müsli-Boden geben und glatt streichen. Die Torte mindestens 3 Stunden in den Kühlschrank stellen.

6_ Den Springformrand lösen und entfernen. Die Torte mit Melonenspal-ten, restlichen Mandarinen und den Schoko-Müsli-Häufchen garnieren.

Pro Stück: E: 5 g, F: 26 g, Kh: 25 g, kJ: 1534, kcal: 367

Tipps: Die Galia-Melone ist eine Netzmelonenart. Sie können auch eine Quarkcreme aus 5 Blatt weißer Gelatine, 500 g Magerquark, 50 g Zucker, 200 ml Mandarinensaft und 500 g Schlagsahne zubereiten. Dafür die Gelatine nach Packungsanleitung einweichen. Quark, Zucker und Saft verrühren. Eingeweichte Gelatine leicht ausdrücken und in einem kleinen Topf unter Rühren bei schwacher Hitze auflösen. Die Gelatine unter die Quarkmasse rühren. Sahne steif schlagen und unterheben. Die Torte maximal einen Tag vor dem Verzehr zubereiten.

Abwandlung: Die Torte statt mit Melone und Mandarinen nur mit Himbeeren zubereiten. Statt Knuspermüsli können auch Cornflakes verwendet werden.

Muttertagstorte

10 Stücke – Zum Verschenken

Für den Belag:

1 Glas Stachelbeeren
  (Abtropfgewicht 370 g)
250 g Erdbeeren
6 Blatt weiße Gelatine
250 ml (¼ l) Stachelbeersaft
  aus dem Glas

Für die Füllung:

1 Pck. Galetta Vanille-Geschmack
  (Pudding-Pulver ohne Kochen)
300 ml Milch
200 g weiche Butter

1 Lage von 1 hellen Wiener Boden
  (Ø etwa 24 cm)

Zum Bestreuen:

etwa 40 g gehobelte Mandeln

Zubereitungszeit: **40 Minuten,
ohne Kühlzeit**

1_ Für den Belag Stachelbeeren auf einem Sieb abtropfen lassen, dabei den Saft auffangen und 250 ml (¼ l) abmessen.

2_ Erdbeeren putzen, waschen, abtropfen lassen und entstielen. Größere Erdbeeren vierteln oder achteln. Gelatine nach Packungsanleitung einweichen.

3_ Für die Füllung Galetta mit Milch nach Packungsanleitung, aber nur mit 300 ml Milch zubereiten. Die Butter mit Handrührgerät mit Rührbesen geschmeidig rühren. Den Pudding esslöffelweise unterrühren. Dabei darauf achten, dass Butter und Pudding Zimmertemperatur haben, da die Buttercreme sonst gerinnt.

4_ Eingeweichte Gelatine leicht ausdrücken und in einem kleinen Topf unter Rühren bei schwacher Hitze auflösen. Stachelbeersaft unterrühren.

5_ Stachelbeeren und Erdbeerstücke in eine Glasschale (Ø 24 cm, etwa 3-Liter-Inhalt, mit Frischhaltefolie ausgelegt) geben und vermengen. 200 ml der Stachelbeer-Gelatine-Flüssigkeit daraufgießen. Die Glasschale etwa 1 Stunde in den Kühlschrank stellen.

6_ Die Buttercreme auf die Obstmasse streichen. Den Biskuitboden darauflegen (eventuell von dem Rand etwas abschneiden). Die Torte etwa 2 Stunden in den Kühlschrank stellen.

7_ Die Torte auf eine Tortenplatte stürzen. Die Frischhaltefolie vorsichtig entfernen.

8_ Restliche Stachelbeer-Gelatine-Masse nochmals kurz erhitzen. Den Guss leicht abkühlen lassen und mithilfe eines Pinsels vorsichtig auf dem Obst und der Buttercreme verteilen.

9_ Mandeln in einer Pfanne ohne Fett hellbraun rösten, herausnehmen und auf einem Teller erkalten lassen. Den Tortenrand mit den Mandeln bestreuen. Die Torte etwa 30 Minuten in den Kühlschrank stellen.

Pro Stück: E: 4 g, F: 21 g, Kh: 30 g, kJ: 1378, kcal: 328

Ricotta-Torte

10 Stücke – Mit Alkohol

Für den Boden:

50 g Löffelbiskuits

80 g Butter

Für die Ricotta-Creme:

1 Pck. gemahlene Gelatine, weiß

6 EL Wasser

3 Eigelb (Größe M)

125 g Zucker

1 Pck. Dr. Oetker Bourbon-
   Vanille-Zucker

1 Pck. Dr. Oetker Finesse
   Geriebene Zitronenschale

1 Prise Salz

250 g Ricotta (ital. Frischkäse)

250 g Speisequark (40 % Fett)

3 EL Sambuca (Anislikör)

250 g Schlagsahne

Für den Rand:

30 g gehobelte Mandeln

Für den Belag:

250 g Schlagsahne

1 Pck. Dr. Oetker Sahnesteif

1 Pck. Dr. Oetker Vanillin-Zucker

Zum Bestäuben:

Kakaopulver

Zubereitungszeit: **45 Minuten, ohne Kühl-, Quell- und Abkühlzeit**

1_ Für den Boden Löffelbiskuits in einen Gefrierbeutel geben und den Beutel verschließen. Löffelbiskuits mit einer Teigrolle fein zerbröseln. Die Brösel in eine Rührschüssel geben. Butter zerlassen, zu den Biskuitbröseln geben und gut verrühren.

2_ Einen Springformrand (Ø 22 cm) auf eine mit Tortenspitze oder Backpapier belegte Tortenplatte stellen. Die Bröselmasse darin gleichmäßig verteilen und mit einem Löffel gut zu einem Boden andrücken. Tortenboden kalt stellen.

3_ Für die Creme Gelatine mit kaltem Wasser in einem kleinen Topf anrühren und etwa 10 Minuten quellen lassen.

4_ Eigelb, Zucker, Vanille-Zucker, Zitronenschale und Salz in eine Edelstahlschüssel geben und im heißen Wasserbad bei mittlerer Hitze schaumig schlagen, bis eine dickflüssige Masse entstanden ist. Die Schüssel aus dem Wasserbad nehmen. Gequollene Gelatine unter Rühren erwärmen, bis sie völlig gelöst ist. Unter die Eigelbcreme rühren.

5_ Ricotta und Quark unterrühren. Die Ricotta-Creme mit Sambuca abschmecken.

6_ Sahne steif schlagen. Sobald die Masse anfängt dicklich zu werden, Sahne unterheben. Die Ricotta-Sahne-Creme auf den Bröselboden geben und glatt streichen. Die Torte etwa 2 Stunden in den Kühlschrank stellen.

7_ Mandeln in einer Pfanne ohne Fett unter Rühren goldbraun rösten, herausnehmen und auf einem Teller abkühlen lassen. Springformrand lösen und entfernen.

8_ Für den Belag Sahne mit Sahnesteif und Vanillin-Zucker steif schlagen. Drei Viertel der Sahne in einen Spritzbeutel mit Sterntülle füllen. Den Tortenrand mit der restlichen Sahne bestreichen.

9_ Mit dem Spritzbeutel auf die Tortenoberfläche kleine Sahnehäubchen spritzen und die Torte etwa 30 Minuten in den Kühlschrank stellen. Die Torte vor dem Servieren mit Kakao bestäuben.

Pro Stück: E: 11 g, F: 32 g, Kh: 32 g, kJ: 2030, kcal: 485

Spekulatius-Reis-Torte

12 Stücke – Mit Alkohol

Für den Spekulatiusboden:

100 g Spekulatius

125 g Butter

50 g Zucker

100 g gehobelte Mandeln

Für die Füllung:

1 Glas Sauerkirschen
   (Abtropfgewicht 350 g)

6 Blatt weiße Gelatine

1 Pck. Milchreis nach
   klassischer Art

400 ml heiße Milch

500 g Schlagsahne

2 EL Rum

Für den Guss:

1 Pck. Tortenguss, rot

30 g Zucker

250 ml (¼ l) Kirschsaft
   aus dem Glas

125 g Schlagsahne

einige Spekulatius

Zubereitungszeit: **55 Minuten,
ohne Kühl- und Abkühlzeit**

1_ Für den Boden Spekulatius in einen Gefrierbeutel geben. Den Beutel verschließen. Spekulatius mit einer Teigrolle fein zerbröseln. Butter zerlassen, mit dem Zucker und den Mandeln zu den Gebäckbröseln geben und gut verrühren.

2_ Einen Springformrand (Ø 26 cm) auf eine mit Tortenspitze oder Backpapier belegte Tortenplatte stellen. Die Bröselmasse darin gleichmäßig verteilen und mit einem Löffel gut zu einem Boden andrücken. Tortenboden kalt stellen.

3_ Für die Füllung Sauerkirschen auf einem Sieb abtropfen lassen, dabei den Saft auffangen und 250 ml (¼ l) abmessen. Die Gelatine nach Packungsanleitung einweichen.

4_ Dann den Milchreis mit der heißen Milch nach Packungsanleitung zubereiten. Eingeweichte Gelatine leicht ausdrücken und in dem heißen Milchreis unter Rühren auflösen. Den Reis erkalten lassen. Sahne steif schlagen, mit dem Rum unter den Reis heben.

5_ Die Hälfte der Reis-Sahne-Creme auf dem Bröselboden verteilen. Zwei Drittel der Kirschen darauflegen. Restliche Reis-Sahne-Masse darauf verteilen. Die Torte etwa 1 Stunde in den Kühlschrank stellen. Die Tortenoberfläche mit den restlichen Sauerkirschen belegen.

6_ Für den Guss aus Tortengusspulver, Zucker und Saft einen Guss nach Packungsanleitung zubereiten. Den Guss auf der Tortenoberfläche verteilen und fest werden lassen. Die Torte nochmals 2 Stunden in den Kühlschrank stellen. Springformrand lösen und entfernen.

7_ Zum Verzieren und Garnieren Sahne steif schlagen. Die Sahne in kleinen Häufchen auf die Tortenoberfläche setzen. Mit halbierten Spekulatius garnieren.

Pro Stück: E: 5 g, F: 25 g, Kh: 31 g, kJ: 1629, kcal: 372

Knusprige Heidelbeerschnitten

20 Stücke – Einfach

Für den Boden:

250 g Zartbitter-Kuvertüre

150 g knusprige Haferfleks
(von Kölln)

Für den Belag:

600 g frische Heidelbeeren

10 Blatt weiße Gelatine

600 g saure Sahne

2–3 EL Zitronensaft

125 g Zucker

500 g Schlagsahne

Zum Verzieren:

200 g Heidelbeerkonfitüre oder
rotes Johannisbeergelee

2–3 EL Johannisbeernektar

Zubereitungszeit: **40 Minuten,
ohne Kühlzeit**

1_ Für den Boden die Kuvertüre grob hacken, in einem kleinen Topf im heißen Wasserbad bei schwacher Hitze unter Rühren schmelzen. Kuvertüre in eine Rührschüssel geben, mit den Haferfleks gut verrühren.

2_ Haferfleks-Masse auf ein Backblech (30 x 40 cm, mit Backpapier belegt) geben und mit einem Esslöffel gut zu einem Boden andrücken. Kalt stellen.

3_ Für den Belag die Heidelbeeren verlesen, abspülen, abtropfen lassen und trocken tupfen. Die Gelatine nach Packungsanleitung einweichen.

4_ Saure Sahne mit Zitronensaft und Zucker verrühren. Eingeweichte Gelatine leicht ausdrücken und in einem kleinen Topf unter Rühren bei schwacher Hitze auflösen.

5_ Gelatine mit etwa 3 Esslöffeln der Saure-Sahne-Masse verrühren, dann unter die restliche Saure-Sahne-Masse rühren. Kalt stellen.

6_ Die Sahne steif schlagen. Sobald die Masse anfängt dicklich zu werden, Sahne und die Hälfte der Heidelbeeren unterheben. Die Sahnecreme auf den Bröselboden geben und glatt streichen. Restliche Heidelbeeren darauf verteilen. Kuchen in den Kühlschrank stellen.

7_ Zum Verzieren Konfitüre oder Gelee mit Nektar glatt rühren (eventuell durch ein Sieb streichen), in einen Gefrierbeutel füllen und eine kleine Spitze abschneiden. Die Kuchenoberfläche schlierenartig damit verzieren. Den Kuchen in etwa 20 Schnitten schneiden.

Pro Stück: E: 4 g, F: 18 g, Kh: 29 g, kJ: 1247, kcal: 298

Limettenschnittchen

12 Stücke – Raffiniert

Für den Bröselboden:

200 g Butterkekse
100 g Butter

Für den Belag:

1 Bio-Limette (unbehandelt,
ungewachst)
8 Blatt weiße Gelatine
750 g Speisequark (40 % Fett)
100 g Zucker
1 Pck. Dr. Oetker Vanillin-Zucker
3 EL Limettensaft
150 ml Limettensirup
250 g Schlagsahne

Für den Guss:

1 Pck. Tortenguss, klar
100 ml Limettensirup
150 ml Wasser

Zum Garnieren:

2 Bio-Limetten (unbehandelt,
ungewachst)

Zubereitungszeit: **50 Minuten,
ohne Kühlzeit**

1_ Für den Boden Kekse in einen Gefrierbeutel geben. Den Beutel verschließen. Die Kekse mit einer Teigrolle fein zerbröseln. Brösel in eine
Rührschüssel geben. Butter zerlassen, zu den Keksbröseln geben und
gut verrühren.

2_ Einen Backrahmen (etwa 20 x 25 cm) auf ein Backblech (mit Backpapier
belegt) stellen. Die Bröselmasse darin gleichmäßig verteilen und mit
einem Löffel zu einem Boden andrücken. Boden kalt stellen.

3_ Für den Belag Limette heiß abwaschen, abtrocknen und die Schale fein
abreiben. Limette halbieren, den Saft auspressen und 3 Esslöffel abmessen.

4_ Gelatine nach Packungsanleitung einweichen. Speisequark mit Zucker,
Vanillin-Zucker, Limettenschale und -saft glatt rühren. Eingeweichte
Gelatine leicht ausdrücken und in einem kleinen Topf mit dem Limet-
tensirup unter Rühren erwärmen, bis sie völlig gelöst ist.

5_ Gelatine mit etwa 4 Esslöffeln der Quarkmasse verrühren, dann unter
die restliche Quarkmasse rühren. Quarkmasse kalt stellen.

6_ Sahne steif schlagen. Sobald die Masse anfängt dicklich zu werden,
Sahne vorsichtig unterheben. Die Quark-Sahne-Creme auf den Brösel-
boden geben und glatt streichen. Den Kuchen etwa 2 Stunden in den
Kühlschrank stellen.

7_ Für den Guss aus Tortengusspulver, Limettensirup und dem Wasser
einen Guss nach Packungsanleitung zubereiten. Den Guss vorsichtig
auf der Kuchenoberfläche verteilen. Den Kuchen nochmals etwa 30
Minuten in den Kühlschrank stellen. Backrahmen lösen und entfernen.
Den Kuchen in Schnittchen schneiden.

8_ Nach Belieben zum Garnieren Limetten heiß abwaschen, abtrocknen
und in dünne Scheiben schneiden. Die Kuchenstücke mit je 1 Limetten-
scheibe garnieren.

Pro Stück: E: 10 g, F: 24 g, Kh: 38 g, kJ: 1737, kcal: 415

Tipp: Limettensirup gibt es als Konzentrat zur Limonadenzubereitung
im Supermarkt.

Nuss-Aprikosen-Schnitten

20 Stücke – Einfach

Für den Boden:

300 g Haselnusskekse

175 g Nuss-Nougat

50 g Butter

Für den Belag:

2 Dosen Aprikosenhälften
 (Abtropfgewicht je 480 g)

2 Pck. Tortenguss, klar

500 ml (½ l) Aprikosensaft
 aus den Dosen

400 g Schlagsahne

1 Pck. Dr. Oetker Sahnesteif

1 Pck. Dr. Oetker Vanillin-Zucker

Zum Verzieren:

25 g Nuss-Nougat

**Zubereitungszeit: 30 Minuten,
ohne Kühlzeit**

1_ Für den Boden Haselnusskekse in einen Gefrierbeutel geben. Den Beutel verschließen. Kekse mit einer Teigrolle fein zerbröseln. 2 Esslöffel der Keksbrösel abnehmen und zum Garnieren beiseitestellen. Restliche Keksbrösel in eine Rührschüssel geben.

2_ Nougat mit Butter in einem kleinen Topf im heißen Wasserbad geschmeidig rühren. Nougat zu den Keksbröseln geben und gut verrühren. Die Bröselmasse auf einem Backblech (30 x 40 cm, mit Backpapier belegt) verteilen und zu einem dünnen Boden andrücken. Einen Backrahmen darumstellen. Boden kalt stellen.

3_ Dann für den Belag die Aprikosenhälften auf einem Sieb abtropfen lassen, den Saft dabei auffangen und 500 ml (½ l) abmessen. Aprikosenhälften in Spalten schneiden. Einige Aprikosenspalten zum Garnieren beiseitelegen. Restliche Aprikosenspalten auf dem Bröselboden verteilen.

4_ Aus Tortengusspulver und Saft, aber ohne Zucker einen Guss nach Packungsanleitung zubereiten. Den Guss auf den Aprikosenspalten verteilen. Den Kuchen etwa 1 Stunde in den Kühlschrank stellen.

5_ Sahne mit Sahnesteif und Vanillin-Zucker steif schlagen. Die Sahne locker auf den Aprikosenspalten verteilen. Beiseite gestellte Keksbrösel daraufstreuen. Die Tortenoberfläche mit den beiseite gelegten Aprikosenspalten garnieren.

6_ Zum Verzieren Nougat in einen kleinen Gefrierbeutel geben. Den Beutel verschließen. Nougat in dem Beutel im heißen Wasserbad schmelzen. Den Beutel aus dem Wasserbad nehmen, trocken tupfen, leicht durchkneten und eine kleine Ecke abschneiden. Die Aprikosenspalten mit dem Nougat besprenkeln. Den Backrahmen lösen und entfernen.

Pro Stück: E: 5 g, F: 26 g, Kh: 25 g, kJ: 1534, kcal: 367

Tipp: Die Schnitten schmecken auch mit Stachelbeeren oder Sauerkirschen. Sie können gut am Vortag zubereitet werden, dann erst kurz vor dem Servieren den Backrahmen lösen und entfernen.

Orangen-Butterkeks-Kuchen

10 Stücke – Fruchtig

Für die Füllung:

8 Blatt weiße Gelatine

500 g Orangenjoghurt

30 g Zucker

250 g Schlagsahne

3 mittelgroße Orangen

200 g Butterkekse

Zum Garnieren:

200 g Schlagsahne

30 g Zartbitter-Raspelschoko-
lade oder -Schokoflocken

Zubereitungszeit: **25 Minuten,
ohne Kühlzeit**

1_ Für die Füllung die Gelatine nach Packungsanleitung einweichen. Joghurt und Zucker in einer Schüssel verrühren. Eingeweichte Gelatine leicht ausdrücken und in einem kleinen Topf unter Rühren bei schwacher Hitze auflösen. Zunächst etwa 4 Esslöffel der Joghurtmasse mit der Gelatine verrühren, dann unter die restliche Joghurtmasse rühren. Kalt stellen.

2_ Sahne steif schlagen. Sobald die Joghurtmasse anfängt dicklich zu werden, Sahne unterheben.

3_ Orangen so schälen, dass die weiße Haut mitentfernt wird. Die Orangenfilets herausschneiden. Einige Filets zum Garnieren beiseitelegen. Restliche Filets eventuell halbieren und unter die Joghurtcreme heben.

4_ 1 Lage Butterkekse in eine Kastenform (25 x 11 cm, mit Backpapier ausgelegt) legen, mit einem Drittel der Joghurtcreme bestreichen und mit Butterkeksen belegen. Restliche Joghurtcreme und Butterkekse auf die gleiche Weise einschichten. Die oberste Schicht sollte aus Butterkeksen bestehen. Den Kuchen mindestens 2 Stunden in den Kühlschrank stellen.

5_ Den Kekskuchen auf eine Platte stürzen und das Backpapier entfernen.

6_ Sahne steif schlagen. Den Kuchen mit etwa 4 Esslöffeln Sahne einstreichen. Restliche Sahne in einen Spritzbeutel mit Lochtülle (Ø etwa 10 mm) füllen und Sahnetupfen auf die Gebäckoberfläche spritzen. Den Kuchen mit Raspelschokolade oder Schokoflocken bestreuen und mit den beiseite gelegten Orangenfilets garnieren.

Pro Stück: E: 6 g, F: 17 g, Kh: 29 g, kJ: 1277, kcal: 305

Tipp: Der Kuchen kann am Vortag zubereitet werden. Er schmeckt auch mit anderen Joghurtsorten, dann aber die entsprechende Frucht dazu wählen. Noch knackiger und interessanter wird der Anschnitt, wenn man Schoko-Butterkekse verwendet. In diesem Fall den Kuchen mit einem elektrischen Messer schneiden.

Orangen-Mandarinen-Schnitten

20 Stücke – Raffiniert

Für den Bröselboden:

70 g geschälte Sesamsamen

300 g Butterkekse

220 g Butter

Für die Füllung:

4 Dosen Mandarinen

(Abtropfgewicht je 175 g)

150 ml Mandarinensaft

aus den Dosen

150 ml Orangensaft

100 g Zucker

40 g Speisestärke

125 g Butter

Für die Orangencreme:

10 Blatt weiße Gelatine

200 ml Orangensaft

5 EL Zitronensaft

1 TL Dr. Oetker Finesse

Geriebene Zitronenschale

200 ml Wasser

120 g Zucker

2 Pck. Dr. Oetker Sahnesteif

300 g Schlagsahne

Zum Garnieren:

50 g Zartbitter-Schokolade

(50 % Kakao)

**Zubereitungszeit: 60 Minuten,
ohne Abkühl- und Kühlzeit**

1_ Für den Bröselboden Sesam in einer Pfanne ohne Fett goldbraun rösten, herausnehmen und auf einem Teller erkalten lassen.

2_ Die Butterkekse in einen Gefrierbeutel füllen. Den Beutel verschließen und Kekse mit einer Teigrolle zerbröseln. Keksbrösel mit Sesam in einer Rührschüssel vermischen. Butter zerlassen, zu der Bröselmischung geben und gut verrühren.

3_ Einen Backrahmen auf ein Backblech (30 x 40 cm, gefettet, mit Backpapier belegt) stellen. Die Bröselmasse in dem Backrahmen verteilen und mit einem Löffel gut zu einem Boden andrücken. Den Bröselboden kalt stellen.

4_ Für die Füllung die Mandarinen auf einem Sieb abtropfen lassen, dabei den Saft auffangen und 150 ml Saft abmessen. Den Mandarinensaft mit Orangensaft, Zucker und Speisestärke verrühren. Butter in einem kleinen Topf zerlassen. Die Saft-Speisestärke-Mischung unter Rühren hinzugeben und aufkochen. Mandarinen unterrühren. Den Topf von der Kochstelle nehmen. Mandarinenmasse etwa 5 Minuten abkühlen lassen.

5_ Die Mandarinenmasse auf den Bröselboden geben und glatt streichen. Das Backblech in den Kühlschrank stellen und die Mandarinenmasse fest werden lassen.

6_ Für die Orangencreme Gelatine nach Packungsanleitung einweichen. Orangensaft, Zitronensaft, -schale und Wasser in einem kleinen Topf erhitzen. Eingeweichte Gelatine ausdrücken und unter Rühren in dem Wasser-Saft-Gemisch vollständig auflösen. Etwas abkühlen lassen.

7_ Zucker und Sahnesteif in einer Rührschüssel mischen. Nach und nach Gelatine-Flüssigkeit mit Handrührgerät mit Rührbesen auf höchster Stufe unterrühren. Etwa 2 Minuten weiterschlagen, bis eine weiße, schaumige Creme entstanden ist. Die Creme etwa 10 Minuten in den Kühlschrank stellen.

8_ Dann wieder 1–2 Minuten aufschlagen. Diesen Vorgang noch 3-mal wiederholen, bis die Creme halbfest und luftig ist. Die Sahne steif schlagen und unterheben. Die Creme auf der Mandarinenmasse verteilen und glatt streichen. Das Backblech wieder in den Kühlschrank stellen und die Creme fest werden lassen. Den Backrahmen mit einem Messer lösen und entfernen.

9_ Zum Garnieren die Schokolade mit einem Sparschäler in dünne Späne hobeln und auf dem Kuchen verteilen.

Pro Stück: E: 4 g, F: 25 g, Kh: 33 g, kJ: 1584, kcal: 378

Waffelschnitten mit Milchreis und Pflaumen

20 Stücke – Fruchtig

Für den Boden:

500 g quadratische Waffeln,
  z. B. Toastwaffeln

Für die Reiscreme:

2 Pck. Milchreis Vanille-
  Geschmack
500 ml (½ l) Milch
400 g Schlagsahne

Für den Belag:

2 Gläser Pflaumenhälften
  (Abtropfgewicht je 385 g)
700 ml Pflaumensaft aus dem
  Glas, evtl. mit Wasser
  aufgefüllt
50 ml Zitronensaft
3 Pck. Tortenguss, klar

Zum Verzieren:

200 g Schlagsahne
1 Pck. Dr. Oetker Vanillin-Zucker

Zubereitungszeit: **35 Minuten,
ohne Abkühl- und Kühlzeit**

1_ Für den Boden einen Backrahmen (30 x 40 cm) auf ein Backblech stellen. Waffeln zu einem glatten Boden hineinlegen. Restliche Waffeln (etwa 3 Stück) zum Garnieren beiseitelegen.

2_ Für die Reiscreme den Milchreis nach Packungsanleitung, aber nur mit insgesamt 500 ml (½ l) Milch zubereiten. Milchreis erkalten lassen und gut durchrühren. Sahne steif schlagen und unterheben. Die Reiscreme auf den Waffeln glatt verstreichen. Den Kuchen etwa 30 Minuten in den Kühlschrank stellen.

3_ Für den Belag die Pflaumenhälften auf einem Sieb gut abtropfen lassen, dabei den Saft auffangen und 700 ml abmessen. Die Pflaumenhälften auf der Reiscreme verteilen. Aus Pflaumensaft, Zitronensaft und Tortengusspulver einen Guss nach Packungsanleitung zubereiten. Den Guss auf den Pflaumenhälften verteilen. Den Kuchen nochmals etwa 1 Stunde kalt stellen.

4_ Zum Verzieren die Sahne mit Vanillin-Zucker steif schlagen. Sahne in einen Spritzbeutel mit Lochtülle geben und kleine Spiralen auf die Kuchenoberfläche spritzen. Beiseite gelegte Waffeln jeweils vierteln und diagonal durchschneiden, sodass kleine Dreiecke entstehen. Den Backrahmen lösen und entfernen. Die Waffeldreiecke an die Sahnespiralen legen. Die Torte bis zum Servieren kalt stellen.

Pro Stück: E: 4 g, F: 20 g, Kh: 35 g, kJ: 1449, kcal: 346

Tipp: Die Schnitten schmecken auch mit Milchreis klassischer Art. Statt mit Pflaumenhälften schmeckt der Belag auch mit Kirschen.

Rätsel-Blechkuchen mit Kirschen

20 Stücke – Etwas aufwendiger

Für die 1. Lage:

300 g Butterkekse

250 g Butter

Für die 3. Lage:

200 g gemahlene

Haselnusskerne

Für die 2. Lage:

500 g Doppelrahm-Frischkäse

75 g gesiebter Puderzucker

200 g Schlagsahne

2 Pck. Dr. Oetker Sahnesteif

Für die 4. Lage:

600 g Schlagsahne

2 Pck. Dr. Oetker Vanillin-Zucker

3 Pck. Dr. Oetker Sahnesteif

Für die 5. Lage:

2 Gläser Sauerkirschen

(Abtropfgewicht je 370 g)

2 Pck. Tortenguss, rot

500 ml (½ l) Kirschsaft aus den

Gläsern

Zubereitungszeit: **55 Minuten,
ohne Abkühl- und Kühlzeit**

1_ Für die 1. Lage Butterkekse in einen Gefrierbeutel geben. Den Beutel verschließen. Butterkekse mit einer Teigrolle fein zerbröseln und in eine Rührschüssel geben. Butter zerlassen, zu den Keksbröseln geben und gut verrühren. Die Keksbrösel auf einem Backblech (30 x 40 cm, gefettet, mit Backpapier belegt) verteilen und mit einem Löffel gut zu einem Boden andrücken. Einen Backrahmen darumstellen.

2_ Für die 3. Lage Haselnusskerne in einer Pfanne ohne Fett unter Rühren bei schwacher Hitze leicht bräunen lassen, sofort herausnehmen und auf einem Teller erkalten lassen.

3_ Für die 2. Lage Frischkäse mit Puderzucker verrühren. Sahne mit Sahnesteif steif schlagen und unter den Frischkäse heben. Die Frischkäse-Sahne-Creme auf dem Bröselboden verteilen. Als dritte Lage die Haselnusskerne gleichmäßig daraufstreuen.

4_ Für die 4. Lage die Sahne mit Vanillin-Zucker und Sahnesteif steif schlagen. Die Sahne auf den Haselnusskernen verteilen und glatt streichen.

5_ Für die 5. Lage Sauerkirschen auf einem Sieb abtropfen lassen, dabei den Saft auffangen und 500 ml (½ l) abmessen, eventuell mit Wasser auffüllen. Die Sauerkirschen auf der 4. Lage verteilen. Aus Tortengusspulver und Kirschsaft einen Guss nach Packungsanleitung zubereiten und vorsichtig mit einem Esslöffel auf den Sauerkirschen verteilen.

6_ Den Kuchen etwa 2 Stunden in den Kühlschrank stellen. Den Backrahmen vorsichtig lösen und entfernen.

Pro Stück: E: 6 g, F: 34 g, Kh: 26 g, kJ: 1899, kcal: 454

Tipps: Den Kuchen maximal einen Tag vor dem Verzehr zubereiten. Anstelle der Kirschen können auch Erdbeeren, Himbeeren oder Brombeeren verwendet werden.

Schnelle Cappuccino-Schnittchen

8 Stücke – Mit Alkohol

Zum Vorbereiten:

1 Beutel (10 g) Instant-
  Cappuccino-Pulver

100 ml heißes Wasser

Für die Füllungen:

6 Blatt weiße Gelatine

4 Becher Mousse au Chocolat
  (je 100 g, aus dem Kühlregal)

300 g Schlagsahne

1 Beutel (10 g) Instant-
  Cappuccino-Pulver

1 Pck. Dr. Oetker Bourbon-
  Vanille-Zucker

etwa 175 g Butterkekse

4 EL Mandel- oder Vanillelikör

Zum Garnieren:

½ Pck. Mini-Butterkekse

1 TL Kakaopulver

Zubereitungszeit: **30 Minuten,
ohne Abkühl- und Kühlzeit**

1_ Zum Vorbereiten Cappuccino-Pulver mit heißem Wasser auflösen und
  abkühlen lassen. Eine kleine, rechteckige Auflaufform (etwa 12 x 22 cm)
  mit Frischhaltefolie auslegen.

2_ Für die Füllungen Gelatine nach Packungsanleitung einweichen.

3_ Für die dunkle Creme die Mousse in eine Schüssel geben. Sahne steif
  schlagen.

4_ Eingeweichte Gelatine leicht ausdrücken und mit etwa 4 Esslöffeln der
  aufgelösten Cappuccino-Flüssigkeit in einem kleinen Topf unter Rühren
  erwärmen, bis sie völlig gelöst ist.

5_ Die Hälfte der Gelatinemischung mit 2–3 Esslöffeln Mousse verrühren,
  dann unter die restliche Mousse rühren. Ein Drittel der Sahne unterheben, kalt stellen.

6_ Für die helle Creme Cappuccino-Pulver und Vanille-Zucker vorsichtig
  unter die restliche Sahne rühren. Die restliche Gelatinemischung mit
  2–3 Esslöffeln der hellen Creme verrühren, dann unter die restliche helle
  Creme rühren.

7_ Die Hälfte der hellen Creme auf den Boden der Form streichen. Eine
  Lage Butterkekse darauflegen. Den restlichen aufgelösten Cappuccino
  mit dem Likör verrühren. Kekse mit etwas von der Cappuccino-Likör-
  Mischung beträufeln. Die Hälfte der dunklen Creme daraufstreichen,
  wieder eine Lage Butterkekse darauflegen und diese mit etwas von
  der Cappuccino-Likör-Mischung beträufeln. Nochmals helle Creme,
  Kekse, dunkle Creme und Kekse einschichten. Den Kuchen mindestens
  2 Stunden in den Kühlschrank stellen.

8_ Den Kuchen mithilfe der Folie aus der Form heben und auf eine
  Kuchenplatte stürzen. Folie entfernen. Den Kuchen mit Mini-Butter-
  keksen garnieren und mit Kakao bestäuben.

Pro Stück: E: 8 g, F: 23 g, Kh: 35 g, kJ: 1666, kcal: 398

Schokoladenpavé mit Cranberries

10 Stücke – Raffiniert

Für die Füllung:

75 g Cranberries

2 EL Mandarinensaft von
  1 Mandarine oder Orangensaft

200 g Zartbitter-Kuvertüre

70 g Butter

50 g weiße Kuvertüre oder
  Schokolade

Für den Rand und Boden:

etwa 200 g Löffelbiskuits
  (35 Stück)

Zum Bestreichen:

4 EL Mandarinensaft von
  2 Mandarinen oder
  Orangensaft

Zubereitungszeit: **35 Minuten,
ohne Durchzieh- und Kühlzeit**

1_ Für die Füllung Cranberries (4–5 Cranberries beiseitelegen) in kleine Würfel schneiden. Cranberrywürfel in eine Schüssel geben, mit Mandarinen- oder Orangensaft tränken und durchziehen lassen.

2_ Zartbitter-Kuvertüre in kleine Stücke hacken, mit der Butter in einem kleinen Topf im heißen Wasserbad bei schwacher Hitze unter Rühren schmelzen. Weiße Kuvertüre oder Schokolade in kleine Stücke schneiden oder hacken.

3_ Für den Rand und den Boden eine Kastenform (25 x 11 cm) mit Backpapier auslegen. Den Rand mit halbierten und den Boden mit ganzen Löffelbiskuits auslegen, jeweils mit der Zuckerseite nach außen. Die Löffelbiskuits mit etwas von dem Mandarinen- oder Orangensaft bestreichen.

4_ Knapp ein Drittel der aufgelösten Schokoladenmasse auf die Löffelbiskuits streichen. Mit einem Drittel der Cranberries belegen und mit einem Drittel der weißen Schokoladenstücke (gut 1 Esslöffel beiseitelegen) bestreuen. Jeweils 2 Löffelbiskuits nebeneinander und hintereinander darauflegen und etwas in die Schokoladenschicht drücken. Die Löffelbiskuits mit Mandarinen- oder Orangensaft bestreichen.

5_ Wieder ein Drittel der aufgelösten Schokoladenmasse auf die Löffelbiskuits geben und verstreichen. Mit einem Drittel der Cranberries belegen und mit einem Drittel der Schokoladenstücke bestreuen. 3 Löffelbiskuits nebeneinander und je 3 Löffelbiskuits hintereinander darauflegen und etwas in die Schokoladenschicht drücken. Löffelbiskuits mit Mandarinen- oder Orangensaft bestreichen.

6_ Die Löffelbiskuits mit der restlichen aufgelösten Schokoladenmasse (etwa 1 Esslöffel beiseitelegen) bestreichen, mit den restlichen Cranberries belegen und mit Schokoladenstücken bestreuen. Die restlichen Löffelbiskuits mit der Zuckerseite nach oben darauflegen und etwas in die Schokoladenschicht drücken. Schokoladenpavé etwa 2 Stunden in den Kühlschrank stellen.

7_ Schokoladenpavé auf eine Tortenplatte stürzen, das Backpapier entfernen. Beiseite gelegte Schokoladenmasse in ein kleines Pergamentpapiertütchen füllen und eine kleine Ecke abschneiden (sollte die Masse fest geworden sein, nochmals kurz im heißen Wasserbad schmelzen). Die Schokoladenpavé-Oberfläche damit verzieren, mit den beiseite gelegten Schokoladenstücken bestreuen und mit den beiseite gelegten Cranberries garnieren.

Pro Stück: E: 4 g, F: 16 g, Kh: 27 g, kJ: 1131, kcal: 270

Traubenkuchen

12 Stücke – Raffiniert

Für die Füllung:

400 g blaue, kernlose
   Weintrauben
5 EL Ahornsirup

Für den Boden:

325 g Vollkorn-Zwieback
200 g weiche Butter
75 g flüssiger Wildblütenhonig
1 Pck. Dr. Oetker Bourbon-
   Vanille-Zucker

Zum Garnieren:

100 g blaue, kernlose
   Weintrauben
25 g aufgelöste Zartbitter-
   Schokolade

**Zubereitungszeit: 40 Minuten,
ohne Kühlzeit**

1_ Für die Füllung die Weintrauben waschen, gut abtropfen lassen und entstielen. Große Weintrauben in kleine Stücke schneiden. Kleine Weintrauben achteln. Weintraubenstücke in eine Schüssel geben, mit Sirup vermischen und etwa 30 Minuten durchziehen lassen.

2_ In der Zwischenzeit für den Boden die Zwiebäcke in einen großen Gefrierbeutel geben und den Beutel verschließen. Zwiebäcke mit einer Teigrolle fein zerbröseln. Butter in eine Rührschüssel geben und mit Handrührgerät mit Rührbesen schaumig rühren. Honig und Vanille-Zucker unterrühren.

3_ Weintrauben auf einem Sieb abtropfen lassen, dabei den Saft auffangen. Zwiebackbrösel mit dem aufgefangenen Saft gut verrühren.

4_ Ein Drittel der Bröselmasse in eine Kastenform (25 x 11 cm, mit Backpapier ausgelegt) geben und mit einem Löffel zu einem Boden andrücken. Die Hälfte der Weintraubenstücke darauf verteilen und mit der Hälfte der restlichen Bröselmasse belegen. Bröselmasse wieder mit einem Löffel fest andrücken.

5_ Restliche Weintraubenstücke daraufgeben. Die restliche Bröselmasse darauf verteilen und mit einem Löffel fest andrücken. Danach die Kastenform mit Frischhaltefolie zudecken und über Nacht in den Kühlschrank stellen.

6_ Den Traubenkuchen aus der Form auf eine mit Backpapier oder Tortenspitze belegte Platte stürzen. Zum Garnieren Weintrauben waschen, gut abtropfen lassen und entstielen. Die Weintrauben halbieren und auf den Kuchen legen.

7_ Die aufgelöste Schokolade in ein Pergamentpapiertütchen füllen und eine kleine Ecke abschneiden. Die Weintrauben damit besprenkeln. Kuchen kalt stellen und die Schokolade fest werden lassen.

Pro Stück: E: 5 g, F: 15 g, Kh: 38 g, kJ: 1304, kcal: 310

Winzerschnitten

10 Stücke – Mit Alkohol

Für den Boden:

150 g Zwieback

120 g Butter

1 EL Zucker

1 Pck. Dr. Oetker Vanillin-Zucker

Für die Creme:

6 Blatt weiße Gelatine

250 g Mascarpone
(ital. Frischkäse)

300 g Joghurt

1 Pck. Dr. Oetker Finesse
Geriebene Zitronenschale

150 g Zucker

Für den Belag:

250 g blaue Weintrauben

250 g grüne Weintrauben

Für den Guss:

1 Pck. Tortenguss, klar

150 ml Apfelsaft

100 ml Weißwein

1 EL Zucker

Zubereitungszeit: **30 Minuten, ohne Kühlzeit**

1_ Für den Boden Zwiebäcke in einen Gefrierbeutel geben. Den Beutel verschließen und Zwiebäcke mit einer Teigrolle fein zerbröseln. Brösel in eine Rührschüssel geben. Die Butter zerlassen, mit Zucker und Vanillin-Zucker zu den Zwiebackbröseln geben und gut verrühren.

2_ Eine Kastenform (30 x 11 cm) so mit Frischhaltefolie auslegen, dass die Folie über dem Rand hängt. Die Bröselmasse in der Form verteilen und mit einem Löffel gut zu einem Boden andrücken. Den Boden kalt stellen.

3_ Für die Creme Gelatine nach Packungsanleitung einweichen. Mascarpone mit Joghurt, Zitronenschale und Zucker verrühren. Eingeweichte Gelatine leicht ausdrücken und in einem kleinen Topf unter Rühren bei schwacher Hitze auflösen. Gelatine mit etwa 3 Esslöffeln der Mascarpone-Joghurt-Masse verrühren, dann unter die restliche Mascarpone-Joghurt-Masse rühren.

4_ Die Mascarpone-Joghurt-Masse auf den Bröselboden geben und glatt streichen. Die Form etwa 1 Stunde in den Kühlschrank stellen.

5_ Für den Belag die Weintrauben abspülen, trocken tupfen, entstielen, halbieren und entkernen. Die Weintraubenhälften auf die Mascarpone-Joghurt-Masse legen.

6_ Für den Guss aus Tortengusspulver, Apfelsaft, Wein und Zucker einen Guss nach Packungsanleitung zubereiten. Den Guss auf den Weintraubenhälften verteilen. Den Kuchen etwa 1 Stunde in den Kühlschrank stellen.

7_ Den Kuchen mithilfe der Frischhaltefolie aus der Form heben und die Folie vorsichtig entfernen. Den Kuchen auf eine Servierplatte legen und in Schnitten schneiden.

Pro Stück: E: 5 g, F: 23 g, Kh: 41 g, kJ: 1685, kcal: 403

Tipps: Die Schnitten nach Belieben mit steif geschlagener Sahne verzieren. Anstelle von Apfelsaft, Weißwein und Zucker können Sie für den Guss auch nur 250 ml (¼ l) Apfelsaft verwenden. Statt der Weintrauben können auch Erdbeeren, Himbeeren oder Brombeeren verwendet werden.

Kipferl-Schnitten

20 Stücke – Für Gäste

Für den Kipferlboden:

100 g gehobelte Haselnusskerne
2 Pck. Vanille-Kipferl (250 g)
150 g Vollmilch-Kuvertüre
50 g Zartbitter-Kuvertüre

Für die Creme:

10 Blatt weiße Gelatine
300 g Marzipan-Rohmasse
500 ml (½ l) Milch
50 g brauner Rohrzucker
600 g Schlagsahne

150 g Zartbitter-Kuvertüre
50 g Schlagsahne
1 EL Milch
30 g gehobelte Haselnusskerne

Zubereitungszeit: 50 Minuten, ohne Abkühl- und Kühlzeit

1_ Für den Kipferlboden die Haselnusskerne in einer Pfanne ohne Fett goldbraun rösten, herausnehmen und auf einem Teller erkalten lassen. Die Kipferl in einen Gefrierbeutel füllen. Den Beutel verschließen und die Kipferl mit einer Teigrolle fein zerbröseln. Brösel in eine Rührschüssel geben.

2_ Vollmilch- und Zartbitter-Kuvertüre grob hacken und in einem kleinen Topf im heißen Wasserbad bei schwacher Hitze unter Rühren schmelzen. Die Schüssel aus dem Wasserbad nehmen.

3_ Haselnusskerne und Kuvertüre zu den Keksbröseln geben und gut verrühren. Dann einen Backrahmen auf ein Backblech (30 x 40 cm, gefettet, mit Backpapier belegt) stellen. Die Bröselmasse in dem Backrahmen verteilen und mit einem Löffel gut zu einem Boden andrücken. Den Boden kalt stellen.

4_ Für die Creme Gelatine nach Packungsanleitung einweichen. Marzipan in kleine Stücke schneiden, mit der Hälfte der Milch in einen hohen Rührbecher geben und pürieren. Restliche Milch und braunen Zucker in einem Topf aufkochen. Den Topf von der Kochstelle nehmen. Eingeweichte Gelatine leicht ausdrücken, in die heiße Milch geben und unter Rühren auflösen. Marzipanmilch unterrühren. Marzipanmasse kalt stellen.

5_ Sahne steif schlagen. Sobald die Marzipanmasse anfängt dicklich zu werden, Sahne unterheben. Die Marzipancreme auf dem Kipferlboden verteilen und glatt streichen. Den Kuchen mindestens 2 Stunden in den Kühlschrank stellen.

6_ Zum Garnieren die Kuvertüre grob hacken. Dann Sahne und Milch in einem kleinen Topf erhitzen (nicht kochen). Den Topf von der Kochstelle nehmen. Die Kuvertürestücke unter die heiße Sahnemilch rühren und schmelzen lassen. Die Kuvertüremasse abkühlen lassen und kalt stellen, bis sie dickflüssig ist.

7_ Den Backrahmen mit einem Messer lösen und entfernen. Den Kuchen in Stücke schneiden. Auf jede Kipferl-Schnitte mit einem Esslöffel etwas Kuvertüremasse geben und mit gehobelten Haselnusskernen garnieren. Kuvertüremasse fest werden lassen.

Pro Stück: E: 7 g, F: 33 g, Kh: 31 g, kJ: 1907, kcal: 457

Zitronen-Mallow-Schnitten

25 Stücke – Raffiniert

Für den Boden:

40 g geschälte Sesamsamen

150 g Butterkekse

150 g Butter

Für den Zitronenbelag:

150 ml Zitronensaft

½ Pck. Dr. Oetker Finesse
  Geriebene Zitronenschale

120 g Zucker

20 g gesiebte Speisestärke

70 g Butter

Für die Creme:

6 Blatt weiße Gelatine

100 ml Zitronensaft

½ Pck. Dr. Oetker Finesse
  Geriebene Zitronenschale

100 ml Wasser

120 g Zucker

1 Pck. Dr. Oetker Sahnesteif

Für den Guss:

1–2 EL Maracujanektar

1 geh. EL gesiebter Puderzucker

50 g Butter

Zubereitungszeit: **50 Minuten,
ohne Abkühl- und Kühlzeit**

1_ Einen Backrahmen (25 x 25 cm) auf ein mit Backpapier belegtes Back-blech stellen. Für den Boden Sesam in einer Pfanne ohne Fett leicht bräunen, herausnehmen und auf einem Teller erkalten lassen.

2_ Butterkekse in einen Gefrierbeutel füllen. Den Beutel verschließen und Butterkekse mit einer Teigrolle fein zerbröseln. Brösel mit Sesam in einer Rührschüssel mischen. Butter zerlassen, zu der Brösel-Sesam-Mischung geben und gut verrühren. Dann die Brösel-Sesam-Masse in dem Backrahmen verteilen und mit einem Löffel gut zu einem Boden andrücken. Boden kalt stellen.

3_ Für den Belag Zitronensaft mit Zitronenschale, Zucker und Speisestärke verrühren. Butter in einem kleinen Topf zerlassen. Zitronensaft-Mi-schung unterrühren, unter Rühren aufkochen. Den Topf von der Koch-stelle nehmen. Die Zitronenmasse etwa 5 Minuten abkühlen lassen.

4_ Die Zitronenmasse auf dem Brösel-Sesam-Boden verteilen und in den Kühlschrank stellen. Zitronenmasse fest werden lassen.

5_ Für die Creme die Gelatine nach Packungsanleitung einweichen. Zitronensaft, Zitronenschale und Wasser in einem kleinen Topf erhitzen. Den Topf von der Kochstelle nehmen. Die eingeweichte Gelatine leicht ausdrücken, zu dem Zitronensaft geben und unter Rühren vollständig auflösen. Zitronensaft etwas abkühlen lassen.

6_ Zucker und Sahnesteif in einer Rührschüssel mischen. Nach und nach Zitronen-Gelatine-Saft mit Handrührgerät mit Rührbesen auf höchster Stufe unterrühren. Etwa 2 Minuten weiterschlagen, bis eine weiße, schaumige Creme entstanden ist. Die Creme etwa 5 Minuten in den Kühlschrank stellen.

7_ Anschließend die Creme wieder 1–2 Minuten aufschlagen. Diesen Vor-gang noch 2–3-mal wiederholen, bis die Creme halb fest ist. Die Creme auf der Zitronenmasse verteilen. Den Kuchen in den Kühlschrank stellen und die Creme fest werden lassen.

8_ Für den Guss Nektar mit Puderzucker verrühren in einem kleinen Topf erhitzen. Butter in kleinen Stücken mit einem Schneebesen unter-schlagen. Den Guss in den Kühlschrank stellen. Wenn der Guss anfängt dicklich zu werden, ihn in einen Gefrierbeutel füllen und eine kleine Ecke abschneiden. Den Guss in Streifen auf die Creme spritzen. Den Guss fest werden lassen.

9_ Backrahmen lösen und entfernen. Den Kuchen in kleine Quadrate (etwa 5 x 5 cm) schneiden, kalt stellen.

Pro Stück: E: 1 g, F: 11 g, Kh: 15 g, kJ: 703, kcal: 168

Amarena-Schnittchen

15 Stücke – Mit Alkohol

Für den Boden:

300 g mit Schokolade gefüllte
  Doppelkekse
1 Pck. Trinkschokolade (25 g)
120 g Butter
50 g Schlagsahne

Für den Belag:

500 g Mascarpone
  (ital. Frischkäse)
250 g Magerquark
75 g Zucker
1 Pck. Dr. Oetker Bourbon-
  Vanille-Zucker
350 g Schlagsahne
2 Pck. Dr. Oetker Sahnesteif
2 kleine Gläser Amarenakirschen
  (Einwaage je 140 g)

Zum Verzieren:

50 g Zartbitter-Schokolade
1 TL Speiseöl

Zubereitungszeit: **30 Minuten,
ohne Kühlzeit**

1_ Für den Boden Schokoladenkekse in einen Gefrierbeutel geben. Den Beutel verschließen. Die Kekse mit einer Teigrolle zerbröseln. Brösel in eine Rührschüssel geben und mit der Trinkschokolade mischen. Butter zerlassen, mit der Sahne zu den Bröseln geben und gut verrühren.

2_ Einen Backrahmen (30 x 20 cm) auf eine Platte (mit Backpapier belegt) stellen. Die Bröselmasse darin gleichmäßig verteilen und dann mit einem Löffel gut zu einem Boden andrücken. Boden kalt stellen.

3_ Für den Belag Mascarpone, Quark, Zucker und Vanille-Zucker in eine Rührschüssel geben und mit Handrührgerät mit Rührbesen geschmeidig rühren. Sahne mit Sahnesteif steif schlagen und unterheben.

4_ Die Amarenakirschen auf einem Sieb gut abtropfen lassen. Einige Kirschen halbieren und zum Garnieren beiseitelegen.

5_ Amarenakirschen auf dem Bröselboden verteilen. Dann die Quark-Sahne-Creme daraufgeben und glatt streichen. Den Kuchen etwa 1 Stunde in den Kühlschrank stellen.

6_ Zum Verzieren Schokolade in Stücke brechen und mit Speiseöl in einem kleinen Topf im heißen Wasserbad bei schwacher Hitze unter Rühren schmelzen. Dann Schokolade in einen Gefrierbeutel füllen und eine kleine Spitze abschneiden. Die Kuchenoberfläche mit der Schokolade besprenkeln und mit den beiseite gelegten Amarenakirschen garnieren. Schokolade fest werden lassen.

7_ Den Backrahmen lösen und das Backpapier entfernen. Den Kuchen in etwa 15 Schnittchen schneiden.

Pro Stück: E: 6 g, F: 35 g, Kh: 32 g, kJ: 1973, kcal: 470

Tipp: Die Schnittchen nach Belieben in Papierbackförmchen setzen und servieren.

Ananassaft-Schnitten

20 Stücke – Für Gäste

Für den Knusperboden:

150 g Cornflakes

70 g Kokosraspel

150 g Vollmilch-Schokolade

100 g weiche Butter

Für die Creme:

18 Blatt weiße Gelatine

1 l Ananassaft (Handelsware)

2–3 EL Zitronensaft

60 g Zucker

450 g saure Sahne

250 g Schlagsahne

Zum Garnieren:

70 g Vollmilch-Schokolade

1 TL Speiseöl

10 Kugeln Kokos-Mandelkonfekt

Kakaopulver

Zubereitungszeit: **40 Minuten,
ohne Kühlzeit**

1_ Einen Backrahmen (30 x 40 cm) auf ein Backblech (gefettet, mit Backpapier belegt) stellen.

2_ Für den Knusperboden Cornflakes in einen Gefrierbeutel geben.
Den Beutel verschließen. Cornflakes mit einer Teigrolle grob zerbröseln
und in eine Rührschüssel geben. Kokosraspel in einer Pfanne ohne Fett
goldbraun rösten und mit den Cornflakesbröseln mischen.

3_ Schokolade in Stücke brechen. Butter in einem kleinen Topf zerlassen.
Topf von der Kochstelle nehmen und Schokoladenstücke unter Rühren
in der Butter schmelzen. Die Schoko-Butter unter die Kokos-Cornflakes-
Mischung rühren, auf dem vorbereiteten Backblech verteilen und mit
einem Löffel zu einem Boden andrücken. Das Backblech kalt stellen.
Den Knusperboden fest werden lassen.

4_ Für die Creme die Gelatine nach Packungsanleitung einweichen.
Ananassaft mit Zitronensaft und Zucker verrühren. Gelatine ausdrücken und in einem kleinen Topf bei schwacher Hitze unter Rühren
auflösen. Etwas von dem Saft unter die Gelatine rühren, dann die
Gelatinemasse mit dem restlichen Saft verrühren und kalt stellen.

5_ Sobald der Saft anfängt dicklich zu werden, saure Sahne unterrühren.
Sahne steif schlagen und unterheben. Die Creme auf dem Knusperboden verteilen und glatt streichen. Das Backblech mindestens
3 Stunden in den Kühlschrank stellen.

6_ Zum Garnieren die Schokolade in Stücke brechen und mit Speiseöl in
einer kleinen Schüssel im heißen Wasserbad bei schwacher Hitze unter
Rühren schmelzen. Die Schokolade in einen Gefrierbeutel füllen und
eine kleine Ecke abschneiden.

7_ Mit einem Messer den Backrahmen lösen und entfernen. Den Ananas-
kuchen in Schnitten, z. B. Rauten, schneiden und mit der Schokolade
besprenkeln. Konfektkugeln halbieren, jeweils zur Hälfte mit Kakao
bestäuben und auf die Schnitten legen. Schokolade fest werden lassen.

Pro Stück: E: 4 g, F: 16 g, Kh: 23 g, kJ: 1081, kcal: 258

Tipp: Frisch gepresster Ananassaft kann nicht verwendet werden,
die Creme wird nicht fest und wird bitter.

Knuspermüsli-Schnittchen

20 Stücke – Einfach

Für den Boden und die Knusper-häufchen:

100 g gehobelte Mandeln

300 g Knuspermüsli

400 g weiße Kuvertüre

Für die Creme:

10 Blatt weiße Gelatine

1 kg Magerquark

1 Pck. Dr. Oetker Finesse
   Geriebene Zitronenschale

3–4 EL Zitronensaft

150–200 g Zucker

500 g rote Johannisbeeren

500 g Schlagsahne

250 g Johannisbeerrispen

Zubereitungszeit: 50 Minuten, ohne Abkühl- und Kühlzeit

1_ Für den Boden und die Knusperhäufchen Mandeln in einer Pfanne ohne Fett unter Rühren leicht bräunen, herausnehmen und auf einem Teller erkalten lassen. Knuspermüsli in einen Gefrierbeutel geben und den Beutel verschließen. Knuspermüsli mit einer Teigrolle zerbröseln. Brösel in eine Rührschüssel geben.

2_ Die Kuvertüre in Stücke hacken und in einem kleinen Topf im heißen Wasserbad bei schwacher Hitze unter Rühren schmelzen. Kuvertüre und Mandeln zu den Müslibröseln geben und gut verrühren.

3_ Für die Knusperhäufchen Backpapier auf eine große Platte legen. Aus der Knuspermüsli-Masse mit zwei Teelöffeln 20 kleine Häufchen abstechen und auf das Backpapier setzen. Restliche Bröselmasse auf einem Backblech (30 x 40 cm, gefettet, mit Backpapier belegt) verteilen. Einen Backrahmen darumstellen. Die Bröselmasse mit einem Löffel gut zu einem Boden andrücken, kalt stellen.

4_ Für die Creme Gelatine nach Packungsanleitung einweichen. Quark mit Zitronenschale, Zitronensaft und Zucker verrühren. Die eingeweichte Gelatine leicht ausdrücken und in einem kleinen Topf unter Rühren bei schwacher Hitze auflösen.

5_ Gelatine mit etwa 3 Esslöffeln von der Quarkmasse verrühren, dann unter die restliche Quarkmasse rühren. Kalt stellen.

6_ Johannisbeeren waschen, abtropfen lassen, entstielen und trocken tupfen. Die Sahne steif schlagen. Sobald die Masse anfängt dicklich zu werden, Sahne und Johannisbeeren unterheben. Die Creme auf den Bröselboden geben und glatt streichen. Den Kuchen etwa 2 Stunden in den Kühlschrank stellen.

7_ Backrahmen lösen und entfernen. Zum Garnieren Johannisbeerrispen abspülen und trocken tupfen. Den Kuchen in etwa 20 Schnittchen teilen. Jedes Schnittchen mit einer kleinen Johannisbeerrispe und einem Knusperhäufchen garnieren.

Pro Stück: E: 11 g, F: 23 g, Kh: 34 g, kJ: 1638, kcal: 391

Buttermilchschnitten mit Kirschen
20 Stücke – Raffiniert

Für den Boden:

300 g Butterkekse

175 g Butter

Für den Belag:

2 Pck. gemahlene Gelatine, weiß

8 EL kaltes Wasser

500 ml (½ l) Buttermilch

150 g Zucker

1 Pck. Dr. Oetker Finesse
   Geriebene Zitronenschale

500 g Schlagsahne

Für das Kirschkompott:

250 g Sauerkirschen

100 g Zucker

10 g Speisestärke

100 ml Kirschsaft oder Wasser

**Zubereitungszeit: 40 Minuten,
ohne Kühl- und Abkühlzeit**

1_ Für den Boden Butterkekse in einen Gefrierbeutel geben. Den Beutel verschließen. Die Butterkekse mit einer Teigrolle fein zerbröseln. Die Brösel in eine Rührschüssel geben. Butter zerlassen, zu den Keksbröseln geben und gut verrühren.

2_ Einen Backrahmen (30 x 40 cm) auf ein Backblech (gefettet, mit Backpapier belegt) stellen. Die Bröselmasse darin gleichmäßig verteilen und mit einem Löffel gut zu einem Boden andrücken. Kalt stellen.

3_ Für den Belag Gelatine mit Wasser in einem kleinen Topf anrühren und etwa 10 Minuten quellen lassen. Buttermilch und Zucker in einer Schüssel so lange verrühren, bis der Zucker gelöst ist. Gelatine unter Rühren bei schwacher Hitze auflösen.

4_ Die Gelatine mit etwa 3 Esslöffeln der Buttermilch verrühren, dann unter die restliche Buttermilch rühren. Zitronenschale unterrühren. Kalt stellen.

5_ Sahne steif schlagen. Sobald die Masse anfängt dicklich zu werden, Sahne unterheben. Die Buttermilch-Sahne-Creme auf dem Bröselboden verteilen und glatt streichen. Mit einem Tortengarnierkamm ein Muster in die Oberfläche ziehen. Den Kuchen etwa 2 Stunden in den Kühlschrank stellen.

6_ Für das Kompott Sauerkirschen waschen, abtropfen lassen, entstielen und entsteinen. Den Zucker mit Speisestärke und etwas Saft oder Wasser anrühren. Restlichen Saft oder Wasser mit den Sauerkirschen in einem Topf zum Kochen bringen. Angerührte Speisestärke einrühren und unter Rühren kurz aufkochen. Den Topf von der Kochstelle nehmen. Kompott erkalten lassen.

7_ Den Backrahmen vorsichtig lösen und entfernen. Den Kuchen in Stücke schneiden, etwas Kompott auf jede Schnitte geben. Die Buttermilchschnitten leicht gekühlt servieren.

Pro Stück: E: 4 g, F: 18 g, Kh: 25 g, kJ: 1200, kcal: 287

Dominoschnitten

20 Stücke – Gut vorzubereiten – mit Alkohol

Für den Boden:

250 g Dominosteine

Für die Creme:

100 g Zucker

100 g gehackte Haselnusskerne

4 ganz frische Eigelb (Größe M)

50 g Zucker

1 Pck. Dr. Oetker Vanillin-Zucker

2 EL heißes Wasser

9 Blatt weiße Gelatine

150 ml Kaffee

200 g Nuss-Nougat

etwa 8 EL Cognac

400 g Schlagsahne

4 ganz frische Eiweiß (Größe M)

Zum Verzieren und Garnieren:

125 g Schlagsahne

evtl. halbierte Dominosteine

Zubereitungszeit: **40 Minuten,
ohne Abkühl- und Kühlzeit**

1_ Für den Boden die Dominosteine mit der oberen Seite nach unten eng nebeneinander in eine Kastenform (30 x 11 cm, mit Frischhaltefolie auslegen) legen.

2_ Für die Creme Zucker in einer Pfanne schmelzen und goldbraun karamellisieren lassen. Haselnusskerne unterrühren. Die Masse auf ein Backblech (mit Speiseöl bestrichen) streichen und erkalten lassen. Dann Krokant fein hacken.

3_ Eigelb mit Zucker, Vanillin-Zucker und Wasser in eine Edelstahlschüssel geben und im heißen Wasserbad mit Handrührgerät mit Rührbesen bei mittlerer Hitze schaumig schlagen, bis eine dickflüssige Masse entstanden ist. Gelatine nach Packungsanleitung einweichen.

4_ Kaffee in einen kleinen Topf geben und erhitzen. Nuss-Nougat in Stücke schneiden, zu dem Kaffee geben und unter Rühren bei schwacher Hitze schmelzen. Eingeweichte Gelatine ausdrücken und in der Kaffee-Nougat-Masse unter Rühren auflösen. Die noch heiße Masse unter die Eigelbcreme rühren. Mit Cognac abschmecken. Die Nougat-Eigelb-Masse kalt stellen.

5_ Sobald die Masse anfängt dicklich zu werden, den Krokant unterheben. Sahne und Eiweiß getrennt steif schlagen und locker unter die Nougat-Eigelb-Masse heben. Die Creme in die Kastenform füllen und etwa 2 Stunden in den Kühlschrank stellen.

6_ Vor dem Servieren die fest gewordene Masse mit der Frischhaltefolie aus der Form heben und auf eine Tortenplatte stürzen. Folie entfernen. Die Sahne steif schlagen, in einen Spritzbeutel mit Sterntülle füllen. Den Rand mit der Sahne verzieren.

Pro Stück: E: 9 g, F: 34 g, Kh: 45 g, kJ: 2351, kcal: 562

Tipps: Nach Belieben die Tortenplatte vorher mit aufgelöster Kuvertüre verzieren und die Dominoschnitten mit selbst gemachten Kuvertüre-sternen garnieren. Schneller geht es, wenn Sie fertigen Haselnusskro-kant verwenden.

Hinweis: Nur ganz frische Eier verwenden, die nicht älter als 5 Tage sind (Legedatum beachten!).

Haselnuss-Knusperschnitten

8 Stücke – Für Gäste

Zum Vorbereiten:

50 g gehackte Haselnusskerne

10 g Zucker

Für die Creme:

80 g Zartbitter-Schokolade

4 Blatt weiße Gelatine

250 g Crème double

200 g Schlagsahne

Außerdem:

1 Pck. Java-Waffeln Vanille-
  Geschmack (250 g)

evtl. 20 g Zartbitter-Schokolade

Zubereitungszeit: **30 Minuten,
ohne Abkühl- und Kühlzeit**

1_ Zum Vorbereiten die Haselnusskerne mit Zucker in einer Pfanne unter Rühren leicht bräunen, herausnehmen und auf einem Teller erkalten lassen.

2_ Für die Creme die Schokolade in Stücke brechen und in einem kleinen Topf im heißen Wasserbad bei schwacher Hitze unter Rühren schmelzen. Gelatine nach Packungsanleitung einweichen. Geschmolzene Schokolade mit Crème double in einer Rührschüssel verrühren.

3_ Eingeweichte Gelatine leicht ausdrücken und in einem kleinen Topf unter Rühren bei schwacher Hitze auflösen. Gelatine mit 2–3 Esslöffeln von der Schokomasse verrühren, dann unter die restliche Schokomasse rühren. Sahne steif schlagen und unterheben.

4_ Eine Kastenform (25 x 11 cm) mit Frischhaltefolie auslegen. Die Folie soll über den Rand hängen. Den Boden mit Waffeln auslegen (eventuell etwas zurechtschneiden). Zunächst ein Viertel der Creme daraufstreichen, mit der Hälfte der Nussmischung bestreuen und diese dann mit einem Drittel der restlichen Creme bestreichen.

5_ Die Creme mit einer Schicht Waffeln belegen. Die Hälfte der restlichen Creme daraufstreichen und mit den restlichen Haselnusskernen bestreuen. Die restliche Creme darauf verteilen und mit Waffeln belegen. Waffeln leicht andrücken. Die Form etwa 1 Stunde in den Kühlschrank stellen.

6_ Nach Belieben vor dem Servieren Schokolade in einem kleinen Topf im heißen Wasserbad bei schwacher Hitze unter Rühren schmelzen. Die Knusperschnitte auf eine Platte stürzen und mit Schokolade besprenkeln.

Pro Stück: E: 5 g, F: 38 g, Kh: 27 g, kJ: 1987, kcal: 477

Tipps: 200 g Schlagsahne steif schlagen und auf die Oberfläche spritzen. Danach Waffeln diagonal teilen und anlegen. Nach Belieben etwas von den Haselnusskernen zurückbehalten und aufstreuen (Foto).

Limetten-Kokos-Schnitten

15 Stücke – Schnell

Für den Boden:

1 dunkler Wiener Boden
  (3 Lagen, 400 g)
250 g Zartbitter-Schokolade
150 g Butter
30 g Limettensirup

Für den Belag:

100 g Kokosfett
3 Bio-Limetten (unbehandelt,
  ungewachst)
2 Eiweiß (Größe M)
250 g gesiebter Puderzucker
250 g Kokosraspel
2–3 EL Limettensaft

Zum Verzieren:

70 g dunkle Kuchenglasur

Zubereitungszeit: **30 Minuten,
ohne Kühl- und Abkühlzeit**

1_ Einen Backrahmen (etwa 25 x 25 cm) auf ein Backblech (mit Backpapier belegt) setzen. Für den Boden den Wiener Boden in Stücke zupfen, in eine Schüssel geben und mit einem Stabmixer oder im Mixer zerbröseln.

2_ Die Schokolade in kleine Stücke hacken, mit Butter und Sirup in einem Topf mischen und unter Rühren bei schwacher Hitze erwärmen, bis Butter und Schokolade geschmolzen sind. Teigbrösel unterrühren. Die Brösel-Schoko-Masse in den Backrahmen füllen und mit einem Löffel gut zu einem Boden andrücken. Den Boden kalt stellen.

3_ Für den Belag Kokosfett in einem Topf zerlassen und abkühlen lassen. Limetten heiß abwaschen, abtrocknen und die Schale abreiben. Limetten halbieren, den Saft auspressen und 2–3 Esslöffel abmessen.

4_ Eiweiß und Puderzucker in einer Rührschüssel kurz aufschlagen. Kokosraspel, Kokosfett, Limettenschale und -saft unterrühren. Dann die Kokosmasse auf den Bröselboden streichen und mit einer Teigkarte leicht andrücken. Den Kuchen etwa 1 Stunde in den Kühlschrank stellen.

5_ Zum Verzieren Kuchenglasur nach Packungsanleitung schmelzen. Die Kuchenglasur in einen kleinen Gefrierbeutel füllen. Den Beutel verschließen und eine kleine Ecke abschneiden. Den Kuchen mit der Kuchenglasur verzieren. Glasur fest werden lassen. Den Backrahmen mit einem Messer lösen und entfernen. Zum Servieren den Kuchen in Rauten schneiden.

Pro Stück: E: 5 g, F: 32 g, Kh: 49 g, kJ: 2115, kcal: 505

Tipp: Das Gebäck kann auch in einer Springform (Ø 26 cm) zubereitet werden.

Hinweis: Nur ganz frisches Eiweiß verwenden, das nicht älter als 5 Tage ist (Legedatum beachten!). Die Schnitten im Kühlschrank aufbewahren und innerhalb von 24 Stunden verzehren.

Keksschnitten mit Mango

12 Stücke – Raffiniert

Für die Creme:

150 g weiße Schokolade

100 g getrocknete Mangostücke
(erhältlich im Reformhaus
oder Bio-Laden)

150 ml Wasser

100 g Butter

50 g gesiebter Puderzucker

350 g Choco-Cookies
(Schokoladenkekse mit
Schokostücken)

Zum Garnieren:

50 g Vollmilch-Schokolade

Zubereitungszeit: **30 Minuten,
ohne Abkühl- und Kühlzeit**

1_ Für die Creme die Schokolade in Stücke brechen und in einem kleinen
Topf im heißen Wasserbad bei schwacher Hitze unter Rühren schmelzen. Die Schüssel aus dem Wasserbad nehmen. Schokolade etwas
abkühlen lassen.

2_ Mangostücke mit einer Küchenschere in Streifen schneiden. Mango-
streifen mit dem Wasser in einem kleinen Topf zum Kochen bringen
und zugedeckt etwa 10 Minuten bei schwacher Hitze dünsten. Den Topf
von der Kochstelle nehmen. Mangomasse in einem Zerkleinerer zu
einer Paste verarbeiten. Mangopaste abkühlen lassen.

3_ Butter und Puderzucker in eine Rührschüssel geben und leicht aufschlagen. Mangopaste und Schokolade nach und nach unterrühren.

4_ Eine Kastenform (25 x 11 cm, mit Backpapier ausgelegt) mit Cookies
auslegen, dabei die runde Seite nach unten legen und eventuell einige
Cookies mit einem Sägemesser passend schneiden. Die restlichen
Cookies in Stücke brechen und unter die Mangopaste heben.
Die Mango-Cookie-Masse in die Form füllen und glatt streichen.
Die Form mindestens 4 Stunden in den Kühlschrank stellen.

5_ Zum Garnieren die Schokolade in Stücke brechen, wie unter Punkt 1 beschrieben im heißen Wasserbad schmelzen und etwas abkühlen lassen.

6_ Den Kuchen aus der Form auf eine Platte stürzen. Das Backpapier
entfernen. Die Schokolade in einen Gefrierbeutel füllen und eine kleine
Ecke abschneiden. Den Kuchen mit der Schokolade besprenkeln.
Die Schokolade fest werden lassen.

Pro Stück: E: 3 g, F: 18 g, Kh: 34 g, kJ: 1298, kcal: 310

Tipps: Getrocknete Mangostücke gibt es in unterschiedlichen Arten.
Die hier verwendeten Stücke sind ungezuckert. Wenn Sie gezuckerte
Mangostücke verarbeiten möchten, nehmen Sie nur 25 g gesiebten
Puderzucker für die Creme und geben etwas geriebene Zitronenschale
hinzu. Die Kastenform an einigen Punkten einfetten und dann mit
Backpapier auslegen, damit das Backpapier beim Einfüllen nicht
verrutscht.

Clowntorte

12 Stücke – Für Kinder

Für den Boden:

1 Pck. Schoko-Knusperreis-
   Quadrate (200 g)

30 g bunter Knusper-Puffreis

Für die Füllung:

1 Dose kleine Ananasscheiben
   (Abtropfgewicht 140 g)

1 Dose Fruchtcocktail
   (Abtropfgewicht 250 g)

8 Blatt weiße Gelatine

250 g Schlagsahne

500 g Ananasjoghurt

75 ml Ananas-Fruchtcocktail-
   Saftmischung aus den Dosen

150 g Birnen- oder Apfelmus

Zum Garnieren:

1 Nektarine

Saft einer ½ Zitrone

20 Mandarinenfilets

2 Schokoladen-Dekortaler

rote Fruchtgummischnüre

einige rote Kaiserkirschen
   ohne Stein

2 rote, runde Pflaumen

Zubereitungszeit: **40 Minuten,
ohne Kühlzeit**

1_ Für den Boden Knusperreis in Stücke brechen (1 Quadrat beiseitelegen) und in einem Topf im heißen Wasserbad bei schwacher Hitze unter Rühren schmelzen.

2_ Einen Springformrand (Ø 26 cm) auf eine mit Tortenspitze oder Backpapier belegte Tortenplatte stellen. Die Knusperreismasse darin gleichmäßig verteilen und mit einem Löffel gut zu einem Boden andrücken. Knusper-Puffreis daraufstreuen. Tortenboden kalt stellen.

3_ Für die Füllung Ananasscheiben und Fruchtcocktail auf einem Sieb abtropfen lassen, dabei den Saft auffangen und 75 ml abmessen. 2 Ananasscheiben beiseitelegen. Restliche Ananasscheiben in kleine Stücke schneiden.

4_ Gelatine nach Packungsanleitung einweichen. Sahne steif schlagen. Joghurt mit der Saftmischung und Birnen- oder Apfelmus mit dem Schneebesen gut verrühren. Die eingeweichte Gelatine leicht ausdrücken und in einem kleinen Topf unter Rühren bei schwacher Hitze auflösen. Gelatine mit 2–3 Esslöffeln von der Joghurt-Saft-Mischung verrühren, dann unter die restliche Joghurt-Saft-Mischung rühren. Sahne und Fruchtstücke unterheben.

5_ Die Joghurt-Sahne-Creme auf den Knusperreisboden geben und glatt streichen. Die Torte etwa 2 Stunden in den Kühlschrank stellen.

6_ Springformrand lösen und entfernen. Zum Garnieren Nektarine waschen, abtrocknen, halbieren, entsteinen und in feine Spalten schneiden. Nektarinenspalten mit Zitronensaft beträufeln und als Haare auf die Tortenoberfläche legen. Beiseite gelegtes Knusperreis-Quadrat zerbröseln und auf die Nektarinenspalten streuen.

7_ Die beiseite gelegten Ananasscheiben als Augen und die Mandarinen als Mund auf Torte legen. Auf die „Augen" die Dekortaler legen, darauf die zurechtgeschnittenen Fruchtgummischnüre legen.

8_ Die gut abgetropften Kirschen auf den „Mund" legen. Pflaumen waschen, abtrocknen und eine Pflaume als Nase auf die Torte legen. Die zweite Pflaume halbieren und entsteinen und die Hälften als Ohren an den Tortenrand legen.

Pro Stück: E: 3 g, F: 6 g, Kh: 20 g, kJ: 657, kcal: 157

Tipps: Einen Clownhut und eine große bunte Krepppapierschleife an die Torte gelegt, macht den Clown komplett. Statt Fruchtgummischnüre können Sie für die Augen auch rote Zuckerschrift verwenden.

Spaghetti-Erdbeertörtchen

5 Stücke – Für Kinder

Für den Crunch-Boden:

150 g Amarettini
(ital. Mandelmakronen)
oder Löffelbiskuits
75 g Butter

Für den Belag:

400 g Erdbeeren
1 Pck. Tortenguss mit Erdbeer-
Geschmack
150 ml Wasser
100 g Zucker
200 g Schlagsahne
2 Pck. Dr. Oetker Sahnesteif
250 g Ricotta (ital. Frischkäse)
1 Pck. Dr. Oetker Finesse
Geriebene Zitronenschale

Außerdem:

5 Dessertringe (Ø etwa 9 cm)

Zubereitungszeit: **40 Minuten,
ohne Kühlzeit**

1_ Backpapier auf eine Tortenplatte oder ein Brett legen und einen Dessertring daraufstellen.

2_ Für den Boden Amarettini oder Löffelbiskuits in einen Gefrierbeutel geben. Den Beutel verschließen. Gebäck mit einer Teigrolle fein zerbröseln. Butter zerlassen, zu den Gebäckbröseln geben und gut verrühren.

3_ Zwei Esslöffel der Bröselmasse in den Dessertring geben und mit dem Löffelrücken gut andrücken. Dessertring vom Boden nehmen und so insgesamt 5 Böden herstellen. Die Böden auf der Platte bis zur Weiterverarbeitung kalt stellen.

4_ Für den Belag Erdbeeren putzen, waschen, abtropfen lassen und entstielen. Aus Tortengusspulver, 150 ml Wasser und 3 Esslöffeln des Zuckers einen Tortenguss nach Packungsanleitung zubereiten. 150 g der Erdbeeren pürieren und mit dem Tortenguss gut verrühren. Erdbeerpüree in den Kühlschrank stellen.

5_ Sahne mit 1 Päckchen Sahnesteif steif schlagen. Ricotta, Zitronenschale, 2. Päckchen Sahnesteif und restlichen Zucker in einer Rührschüssel verrühren, Die Sahne unterheben. Jeweils 2 Esslöffel der kalten Erdbeersauce auf je einen Bröselboden geben, etwas verstreichen, dabei einen etwa ½ cm breiten Rand frei lassen. Die Böden mit den restlichen Erdbeeren (2–3 Erdbeeren zum Garnieren beiseitelegen, große Erdbeeren halbieren) belegen (wieder den Rand frei lassen).

6_ Die Ricotta-Creme in einen Gefrierbeutel geben und eine kleine Ecke abschneiden. Die Ricotta-Creme wie Spaghetti über die Erdbeeren spritzen. Restliche Erdbeersauce in einen Gefrierbeutel geben und eine kleine Ecke abschneiden. Die Törtchen damit besprenkeln. Die Törtchen mit den beiseite gestellten Erdbeeren garnieren. Törtchen etwa 1 Stunde in den Kühlschrank stellen.

Pro Stück: E: 11 g, F: 34 g, KH: 42 g, kJ: 2453, kcal: 586

Tipps: Für den Dessertring können Sie den oberen Rand (etwa 2 cm breit) des Ricotta-Bechers abschneiden und mit der Schnittfläche nach oben aufstellen. Mit einem breiten Pfannenwender lassen sich die Törtchen einfach von dem Backpapier nehmen. Bleibt etwas Erdbeersauce über, servieren Sie diese zu den Törtchen.

Kalter Hund

15 Stücke – Klassisch – für Kinder

Für die Schokoladencreme:

150 g Zartbitter-Kuvertüre

450 g Vollmilch-Kuvertüre

150 g Kokosfett

200 g Schlagsahne

2 Pck. Dr. Oetker Vanillin-Zucker

etwa 250 g Butterkekse

Außerdem:

1 großer Gefrierbeutel

Zubereitungszeit: 60 Minuten, ohne Kühlzeit

1_ Für die Schokoladencreme beide Kuvertüren grob hacken, Kokosfett klein schneiden. Sahne in einem Topf erwärmen. Kuvertüre- und Kokosfettstücke darin unter Rühren schmelzen. Vanillin-Zucker unterrühren.

2_ Eine Kastenform (25 x 11 cm, mit einem aufgeschnittenen Gefrierbeutel ausgelegt) mit einer Schicht Butterkeksen auslegen. Kekse mit einem Sägemesser eventuell zurechtschneiden oder zerbrechen. Nun so viel Schokoladencreme auf der Keksschicht verteilen, dass die Keksschicht ganz bedeckt ist. Abwechselnd Schokoladencreme und Kekse in die Kastenform einschichten (7–8 Schichten).

3_ Die Kastenform etwa 5 Stunden (am besten über Nacht) kalt stellen, damit die Creme fest wird.

4_ Das Gebäck vorsichtig auf eine Platte stürzen. Gefrierbeutel vorsichtig abziehen. Den kalten Hund bis zum Servieren in den Kühlschrank stellen.

Pro Stück: E: 5 g, F: 25 g, Kh: 31 g, kJ: 1556, kcal: 372

Tipps: Rühren Sie unter die Schokoladencreme 1 Päckchen Dr. Oetker Finesse Natürliches Orangenschalen-Aroma. Oder verfeinern Sie die Schokoladencreme mit 2 Portionspäckchen (je 2 g) Instant-Espresso-Pulver. Damit der Gefrierbeutel nicht wegrutschen kann, die Form etwas einfetten und dann erst die Form mit dem Gefrierbeutel auslegen.

Schoko-Igel

12 Stücke – Für Kinder

1 dunkler Wiener Boden
(Ø 26 cm, 3 Lagen)

Für die Schokocreme:
1 Pck. Dr. Oetker Pudding-Pulver
Schokoladen-Geschmack
100 g Zucker
1 Pck. Dr. Oetker Bourbon-
Vanille-Zucker
500 ml (½ l) kalte Milch
50 g grob gehackte Zartbitter-
oder Mokka-Schokolade
200 g weiche Butter

125 g Schlagsahne
½ TL Dr. Oetker Sahnesteif
1 Pck. Mikado zartherb (Schoko-
Gebäckstäbchen, 100 g)
bunte Schokolinsen mit
Zuckerglasur
1 TL Kakaopulver

Zubereitungszeit: **35 Minuten,
ohne Abkühl- und Kühlzeit**

1_ Mit einer Schablone aus dem ganzen Wiener Boden einen Igel (tropfen-förmig) schneiden. Die abgeschnittenen Gebäckränder zerbröseln und beiseitelegen.

2_ Für die Creme Pudding-Pulver, Zucker und Vanille-Zucker mit etwas Milch anrühren. Restliche Milch mit Schokolade in einem Topf unter Rühren zum Kochen bringen.

3_ Angerührtes Pudding-Pulver in die von der Kochstelle genommene Schoko-Milch rühren und unter Rühren nochmals aufkochen lassen. Den Topf von der Kochstelle nehmen. Pudding erkalten lassen, dabei ab und zu umrühren.

4_ Butter in einer Rührschüssel mit Handrührgerät mit Rührbesen geschmeidig rühren. Den Pudding esslöffelweise unterrühren. Dabei darauf achten, dass Butter und Pudding Zimmertemperatur haben, da die Creme sonst gerinnt. Die Hälfte der Schokocreme mit den beiseite gelegten Gebäckbröseln vermengen. Die Igel-Gebäcklagen mit der Schoko-Brösel-Creme dünn bestreichen und zu einem Igel zusammensetzen.

5_ Den Igel ganz mit der restlichen Schokocreme bestreichen, dabei den Körper etwas dicker als den Kopf bestreichen.

6_ Sahne mit Sahnesteif steif schlagen und in einen Spritzbeutel mit Lochtülle füllen. Den Igel damit verzieren.

7_ Schoko-Gebäckstäbchen als Stacheln in den Igel stecken. Das Gesicht mit Schokolinsen markieren. Den Schoko-Igel eine Zeit lang in den Kühlschrank stellen. Den Schoko-Igel vor dem Servieren mit Kakao bestäuben.

Pro Stück: E: 5 g, F: 24 g, Kh: 45 g, kJ: 1768, kcal: 422

Fruttinatorte

16 Stücke – Für Kinder

Für den Boden:

150 g Eiswaffeln mit Füllung

100 g Butter

Für den Belag:

400 g Doppelrahm-Frischkäse

75 g Zucker

1 Pck. Dr. Oetker Vanillin-Zucker

3 EL Zitronensaft

1 ½ Pck. Dr. Oetker Pudding-
Pulver Sahne- oder Vanille-
Geschmack

250 ml (¼ l) Orangensaft

3 EL Zitronensaft

375 g Schlagsahne

Für den Guss:

½ Pck. Dr. Oetker Pudding-
Pulver Sahne- oder Vanille-
Geschmack

50 g Zucker

200 ml Orangensaft

50 ml Zitronensaft

18 Gelee-Zitronenscheiben-
hälften

**Zubereitungszeit: 30 Minuten,
ohne Kühlzeit**

1_ Für den Boden Eiswaffeln in einen Gefrierbeutel geben. Den Beutel verschließen und Eiswaffeln mit einer Teigrolle fein zerbröseln. Brösel in eine Rührschüssel geben. Butter zerlassen, zu den Gebäckbröseln geben und gut verrühren.

2_ Einen Springformrand (Ø 26 cm) auf eine mit Tortenspitze oder Back-papier belegte Tortenplatte stellen. Die Bröselmasse darin gleichmäßig verteilen und mit einem Löffel gut zu einem Boden andrücken. Torten-boden kalt stellen.

3_ Für den Belag den Frischkäse mit Zucker, Vanillin-Zucker und Zitronen-saft verrühren. Einen Pudding aus dem Pudding-Pulver, aber nur mit 250 ml (¼ l) Orangensaft und 3 Esslöffeln Zitronensaft nach Packungs-anleitung zubereiten. Die noch heiße Puddingmasse mit Handrührgerät mit Rührbesen unter die Frischkäsemasse rühren. Sahne steif schlagen und unterheben. Die Pudding-Sahne-Creme auf den Bröselboden geben und glatt streichen. Die Torte 2 Stunden in den Kühlschrank stellen.

4_ Für den Guss aus Pudding-Pulver, Zucker, aber mit 200 ml Orangensaft und 50 ml Zitronensaft einen Guss nach Packungsanleitung zubereiten. Den Guss vorsichtig, aber schnell auf dem Belag verteilen. Torte in den Kühlschrank stellen und den Guss fest werden lassen.

5_ Den Springformrand lösen und entfernen. Sahne steif schlagen, in einen Spritzbeutel mit mittelgroßer Sterntülle füllen. 16 Tupfen auf die Tortenoberfläche spritzen. Je 1 Geleefrucht an jeden Sahnetupfen lehnen. Die beiden restlichen Geleefrüchte in kleine Würfel schneiden und auf der Tortenmitte verteilen.

Pro Stück: E: 8 g, F: 25 g, Kh: 24 g, kJ: 1497, kcal: 357

Abwandlung: Wenn Sie lieber ungefüllte Eiswaffeln, z. B. Eiswaffel-herzen, verwenden, Brösel mit 125 g Butter verrühren.

Hinweis: Im Originalrezept wurde der Belag mit Fruttina hergestellt. Da sich die Rezeptur von Fruttina geändert hat, wurde das Rezept entsprechend umgearbeitet, der Name ist geblieben.

Doppelkeks-Torte

8 Stücke – Für Kinder

21 mit Schokolade gefüllte
Doppelkekse (Ø etwa 6 cm)

Für die Creme:
150 g weiße Kuvertüre
50 g Schlagsahne
4 Blatt weiße Gelatine
200 g Schlagsahne

Zum Garnieren:
etwa 30 g weiße Kuvertüre

Zubereitungszeit: **30 Minuten,
ohne Kühlzeit**

1_ Einen Springformrand (Ø 20 cm) auf eine mit Tortenspitze oder Backpapier belegte Tortenplatte stellen. Den Boden mit 7 Keksen auslegen.

2_ Für die Creme Kuvertüre in kleine Stücke hacken, mit Sahne in einem
kleinen Topf im heißen Wasserbad bei schwacher Hitze unter Rühren
schmelzen.

3_ Gelatine nach Packungsanleitung einweichen, leicht ausdrücken und in
der heißen Kuvertüre unter Rühren auflösen.

4_ Sahne steif schlagen. Die Kuvertüre in 2 Portionen nach und nach
unterrühren (Kuvertüre darf nicht zu kalt werden). Die Hälfte der Creme
auf den Keksboden geben und glatt streichen. 7 weitere Kekse so auf
die Creme legen, dass sie versetzt zu den unteren Keksen liegen.

5_ Dann restliche Creme darauf verteilen. Die restlichen Kekse wieder versetzt darauflegen und vorsichtig in die Creme drücken. Die Torte etwa
2 Stunden in den Kühlschrank stellen.

6_ Den Springformrand mit einem Messer lösen und entfernen. Zum
Garnieren Kuvertüre mit einem Sparschäler zu Locken schaben und
anschließend auf die Tortenoberfläche streuen.

Pro Stück: E: 7 g, F: 31 g, Kh: 55 g, kJ: 2222, kcal: 531

Tipps: Wenn keine Kinder mitessen, können Sie auch etwa 4 Esslöffel
Orangenlikör mit etwa 2 Esslöffeln Orangensaft verrühren und die
Doppelkekse damit vor dem Einschichten bestreichen. Die bestrichene
Keksseite dann jeweils auf die Kuvertürecreme legen.
Oder Sie mischen unter die Sahne-Kuvertüre-Creme noch etwa 3 Ess-
löffel Orangenlikör, bevor Sie wie unter Punkt 4 beschrieben die erste
Hälfte der Creme auf den Keksboden geben.

Abwandlung: Für eine Frischkäsecreme 4 Blatt Gelatine nach Packungsanleitung einweichen. Dann 200 g Doppelrahm-Frischkäse mit 75 g
Zucker und 50 ml Milch verrühren. Die eingeweichte Gelatine leicht
ausdrücken und in einem kleinen Topf bei schwacher Hitze unter
Rühren auflösen. Die Gelatine mit etwa 4 Esslöffeln von der Frischkäsemasse verrühren, dann unter die restliche Frischkäsemasse rühren.
200 g Sahne steif schlagen und unter die Frischkäsemasse heben. Die
Creme wie unter Punkt 4 beschrieben weiterverarbeiten.

Göttliche Himbeer-Wölkchen-Torte

12 Stücke – Fruchtig

Für den Boden:

200 g Butterkekse

100 g weiche Butter

50 g Zucker

Für den Belag:

2 Beutel aus 1 Pck. Götterspeise
Himbeer-Geschmack

250 ml (¼ l) Wasser

100 g Zucker

300 g Himbeerjoghurt

200 g Schmand (Sauerrahm)

200 ml Wasser

100 g Schlagsahne

Zum Verzieren und Garnieren:

150 g Schlagsahne

einige Geleehimbeeren oder
frische, verlesene Himbeeren

**Zubereitungszeit: 50 Minuten,
ohne Quell-, Abkühl- und
Kühlzeit**

1_ Für den Boden Butterkekse in einen Gefrierbeutel geben. Den Beutel verschließen und Kekse mit einer Teigrolle fein zerbröseln. Butter und Zucker mit Handrührgerät mit Rührbesen schaumig rühren, Keksbrösel unterrühren.

2_ Einen Springformrand (Ø 26 cm) auf eine mit Tortenspitze oder Backpapier belegte Tortenplatte stellen. Die Bröselmasse darin gleichmäßig verteilen und mit einem Löffel gut zu einem Boden andrücken. Tortenboden kalt stellen.

3_ Für den Belag beide Beutel Götterspeise nach Packungsanleitung, aber mit nur 250 ml (¼ l) Wasser zum Quellen anrühren. Zucker zur gequollenen Götterspeise geben. Götterspeise nach Packungsanleitung auflösen und etwas abkühlen lassen.

4_ Joghurt mit Schmand verrühren. Die Hälfte der Flüssigkeit unter die Joghurt-Schmand-Masse rühren und kalt stellen.

5_ Unter die restliche Flüssigkeit knapp 200 ml kaltes Wasser rühren und die Flüssigkeit bei Zimmertemperatur stehen lassen.

6_ Die Sahne steif schlagen. Sobald die Joghurt-Schmand-Masse anfängt dicklich zu werden, Sahne unterheben. Die Creme auf den Bröselboden geben und glatt streichen. Die Torte 1–2 Stunden in den Kühlschrank stellen.

7_ Dann die beiseite gestellte Götterspeiseflüssigkeit vorsichtig auf die Torte gießen. Die Torte nochmals gut 1 Stunde in den Kühlschrank stellen, bis der Götterspeisespiegel fest geworden ist. Den Springformrand lösen und entfernen.

8_ Zum Verzieren und Garnieren Sahne steif schlagen und mit einem Teelöffel kleine Wölkchen auf die Tortenoberfläche setzen. Die Torte mit Himbeeren garnieren.

Pro Stück: E: 6 g, F: 21 g, Kh: 29 g, kJ: 1403, kcal: 335

Tipps: Der Boden schmeckt statt mit Butterkeksen auch mit 1 Päckchen (200 g) Kokoszwieback. Nach Belieben können Sie unter die Joghurt-Schmand-Masse zusätzlich 150 g verlesene Himbeeren heben. Die Torte kann auch mit Zitronen-Götterspeise und Zitronenjoghurt zubereitet werden.

Hobbits-Milchreis-Torte

12 Stücke – Beliebt

Für den Boden:

150 g Hobbits kernig
  (Hafer-Mürbekekse)
100 g Butter

Für die Füllung:

1 Glas Sauerkirschen
  (Abtropfgewicht 370 g)
4 Blatt weiße Gelatine
1 Pck. Milchreis nach
  klassischer Art
500 ml (½ l) Milch
200 g Schlagsahne

Für den Guss:

1 Pck. Tortenguss, rot
250 ml (¼ l) Kirschsaft aus
  dem Glas
20 g Zucker

Zubereitungszeit: **30 Minuten,
ohne Abkühl- und Kühlzeit**

1_ Für den Boden die Hobbits in einen Gefrierbeutel geben. Beutel verschließen und Kekse mit einer Teigrolle fein zerbröseln. Brösel in eine Rührschüssel geben. Butter zerlassen, zu den Keksbröseln geben und gut verrühren.

2_ Einen Springformrand (Ø 26 cm) auf eine mit Tortenspitze oder Backpapier belegte Tortenplatte stellen. Die Keksmasse darin gleichmäßig verteilen und mit einem Löffel gut zu einem Boden andrücken. Masse kalt stellen.

3_ Für die Füllung Kirschen auf einem Sieb abtropfen lassen, dabei den Saft auffangen und 250 ml (¼ l) abmessen. Gelatine nach Packungsanleitung einweichen.

4_ Milchreis mit Milch nach Packungsanleitung zubereiten. Gelatine leicht ausdrücken und in dem heißen Milchreis unter Rühren auflösen. Den Milchreis erkalten lassen, dabei ab und zu umrühren.

5_ Die Sahne steif schlagen und unter den erkalteten Milchreis heben. Die Hälfte der Milchreiscreme auf dem Bröselboden verteilen. Sauerkirschen drauflegen. Restliche Creme draufgeben und glatt streichen. Die Torte etwa 1 Stunde in den Kühlschrank stellen.

6_ Für den Guss aus Tortengusspulver, Kirschsaft und Zucker einen Guss nach Packungsanleitung zubereiten. Den Guss vorsichtig auf die Tortenoberfläche geben. Die Torte nochmals 1–2 Stunden in den Kühlschrank stellen. Den Springformrand lösen und entfernen.

Pro Stück: E: 4 g, F: 16 g, Kh: 29 g, kJ: 1199, kcal: 286

Tipp: Die Torte nach Belieben mit einigen Hobbits-Bröseln garnieren.

Marshmallow-Erdbeer-Torte

12 Stücke – Für Kinder

Für den Boden:

150 g Butterkekse

100 g Butter

50 g Zucker

50 g Vollmilch-Schokolade

Für die Füllung:

500 g frische Erdbeeren

500 g Schlagsahne

2 Pck. Dr. Oetker Sahnesteif

100 g Marshmallow-Creme
    Classic oder Strawberry-Fluff
    (Erdbeer-Geschmack)

Zum Garnieren:

Marshmallows

Zubereitungszeit: **30 Minuten,
ohne Kühlzeit**

1_ Für den Boden Butterkekse in einen Gefrierbeutel geben. Den Beutel verschließen und Butterkekse mit einer Teigrolle fein zerbröseln. Brösel in eine Rührschüssel geben. Butter zerlassen, mit dem Zucker zu den Keksbröseln geben und gut verrühren.

2_ Einen Springformrand (Ø 26 cm) auf eine mit Tortenspitze oder Backpapier belegte Tortenplatte stellen. Die Bröselmasse darin gleichmäßig verteilen und mit einem Löffel gut zu einem Boden andrücken.

3_ Die Schokolade in Stücke brechen und dann in einem kleinen Topf im heißen Wasserbad bei schwacher Hitze unter Rühren schmelzen. Schokolade mit einem Backpinsel auf dem Bröselboden verstreichen. Tortenboden kalt stellen.

4_ Für die Füllung Erdbeeren putzen, waschen, gut abtropfen lassen (6 Erdbeeren mit Grün zum Garnieren beiseitelegen) und entstielen. Die Erdbeeren auf den Schoko-Brösel-Boden legen. Dabei am Rand etwa 1 cm frei lassen.

5_ Die Sahne mit Sahnesteif steif schlagen. Marshmallow-Creme zuerst mit einem Drittel der Sahne verrühren, dann unter die restliche Sahne heben. Die Sahnecreme auf die Erdbeeren geben und schön glatt streichen. Nach Belieben mit einem Teelöffel Vertiefungen in die Tortenoberfläche drücken. Die Torte mindestens 1 Stunde in den Kühlschrank stellen.

6_ Springformrand lösen und entfernen. Zum Garnieren beiseite gelegte Erdbeeren mit dem Grün halbieren. Die Torte mit Erdbeerhälften und Marshmallows garnieren.

Pro Stück: E: 3 g, F: 23 g, Kh: 25 g, kJ: 1397, kcal: 334

Tipps: Marshmallow-Creme gibt es oft in Lebensmittelabteilungen der Kaufhäuser, bei den amerikanischen Lebensmitteln oder in großen Supermärkten. Anstelle der Butterkekse können auch Löffelbiskuits verwendet werden. Statt mit Vertiefungen kann man die Tortenoberfläche auch mit einem Tortengarnierkamm wellenförmig verzieren oder die Masse kuppelartig auf die Erdbeeren streichen. Anstelle der Erdbeeren können auch Johannisbeeren verwendet werden, die der Torte eine leicht säuerliche Note geben.

Orangen-Charlotte

8 Stücke – Für Kinder

Für den Boden:

100 g Löffelbiskuits

30 g Vollmilch-Raspelschokolade

80 g Butter

½ TL Dr. Oetker Finesse
  Orangenschalen-Aroma

Für den Rand:

6 Löffelbiskuits

6 Milchschokoladen-Riegel mit
  Waffel und Nougat-Creme-
  Füllung

Für die Creme:

1 ½ Beutel aus 1 Pck. Götterspeise Zitronen-Geschmack

6 EL kaltes Wasser

200 ml Orangenlimonade

2 EL Zitronensaft

120 g Zucker

500 g Schlagsahne

Nach Belieben zum Garnieren:

Obststücke

Marshmallows

Zubereitungszeit: **25 Minuten,
ohne Kühl- und Quellzeit**

1_ Für den Boden Löffelbiskuits in einen Gefrierbeutel geben und den Beutel verschließen. Löffelbiskuits mit einer Teigrolle fein zerbröseln. Biskuitbrösel in eine Rührschüssel geben. Raspelschokolade hinzugeben und vermischen. Butter zerlassen, mit dem Orangenschalen-Aroma zu der Brösel-Schokoladen-Mischung geben und gut verrühren.

2_ Einen Springformrand (Ø 22 cm) auf eine mit Tortenspitze oder Backpapier belegte Tortenplatte stellen. Die Bröselmasse darin gleichmäßig verteilen und mit einem Löffel gut zu einem Boden andrücken. Tortenboden kalt stellen.

3_ Für den Rand Löffelbiskuits und Schokoladenriegel quer halbieren, abwechselnd mit der Schnittfläche nach unten und mit der runden Seite nach außen an den Springformrand stellen.

4_ Für die Creme Götterspeise mit Wasser verrühren und etwa 10 Minuten quellen lassen. Die Götterspeise nach Packungsanleitung unter Rühren erwärmen und auflösen. Orangenlimonade, Zitronensaft und Zucker unterrühren. Die Götterspeiseflüssigkeit in den Kühlschrank stellen.

5_ Sahne steif schlagen. Wenn die Masse anfängt dicklich zu werden, Sahne unterheben. Die Creme auf den Bröselboden geben und nicht ganz glatt streichen. Die Charlotte etwa 3 Stunden in den Kühlschrank stellen.

6_ Den Springformrand lösen und entfernen. Die Tortenoberfläche nach Belieben mit Erdbeer-, Kiwi-, Apfel-, Orangenspalten und Marshmallows garnieren.

Pro Stück: E: 6 g, F: 32 g, Kh: 36 g, kJ: 1967, kcal: 470

Quark-Sahne-Torte

12 Stücke – Zum Geburtstag – zum Verschenken

Zum Vorbereiten:

1 Beutel aus 1 Pck. Götterspeise
  Himbeer-Geschmack
300 ml kaltes Wasser
60 g Zucker

Für den Boden:

200 g Löffelbiskuits
100 g Butter

Für den Belag:

1 Pck. Käse-Sahne-Tortencreme
200 ml Wasser
½ Fläschchen Zitronen-Aroma
500 g Magerquark
400 g Schlagsahne

Zum Garnieren:

1 Pck. Schoko-Alphabet
einige vorbereitete Zitronenmelisseblättchen

Zubereitungszeit: **45 Minuten,
ohne Kühlzeit**

1_ Zum Vorbereiten Götterspeise mit Wasser – aber mit 300 ml Wasser – und Zucker nach Packungsanleitung zubereiten.

2_ Die Götterspeiseflüssigkeit in eine flache Schüssel gießen, sodass ein etwa 1 cm hoher Spiegel entsteht. Die Götterspeise mindestens 4 Stunden in den Kühlschrank stellen.

3_ Für den Boden Löffelbiskuits in einen Gefrierbeutel geben und den Beutel verschließen. Löffelbiskuits mit einer Teigrolle fein zerbröseln. Butter zerlassen, zu den Biskuitbröseln geben und gut verrühren.

4_ Einen Springformrand (Ø 26 cm) auf eine mit Tortenspitze oder Backpapier belegte Tortenplatte stellen. Die Bröselmasse darin gleichmäßig verteilen und mit einem Löffel gut zu einem Boden andrücken. Tortenboden etwa 30 Minuten kalt stellen.

5_ Für den Belag Käse-Sahne Tortencreme mit Wasser nach Packungsanleitung – aber mit 200 ml Wasser – zubereiten. Das Aroma hinzufügen. Den Quark portionsweise unter die Creme rühren. Sahne steif schlagen und unterheben.

6_ Die Quark-Sahne-Masse auf den Bröselboden geben und glatt streichen. Die Torte etwa 3 Stunden in den Kühlschrank stellen. Den Springformrand lösen und entfernen.

7_ Zum Garnieren die Schüssel mit der fest gewordenen Götterspeise kurz in kaltes Wasser tauchen. Die Götterspeise auf eine angefeuchtete Platte stürzen. Aus dem Gelee kleine Würfel (1,5 x 1,5 cm) schneiden. Die Götterspeisewürfel vorsichtig auf die Tortenoberfläche legen. Mit Schoko-Alphabet „Viel Glück" auf die Torte legen und die Torte mit Zitronenmelisseblättchen garnieren.

Pro Stück: E: 9 g, F: 19 g, Kh: 31 g, kJ: 1461, kcal: 348

Tipp: Restliches Gelee in Würfel schneiden und dazureichen.

Sandwich-Schnitten

6 Stücke – Raffiniert

9 Butter- oder Toastwaffeln
(1 ½ Pck.)

Für die Salatblätter:
100 g Marzipan-Rohmasse
50 g gesiebter Puderzucker
4 Tropfen grüne Speisefarbe

Für die Apfelfüllung:
250 g Schlagsahne
½ Pck. Dr. Oetker Sahnesteif
1 EL gesiebter Puderzucker
1 grüner Apfel, z. B. Granny Smith
2 EL Zitronensaft

Für die Himbeerfüllung:
150 g TK-Himbeeren
250 g Mascarpone (ital. Frischkäse) oder Magerquark
1 EL gesiebter Puderzucker

6 grüne Weintrauben
6 blaue Weintrauben
6 Holzstäbchen

Zubereitungszeit: **35 Minuten,
ohne Auftauzeit**

1_ Die Waffeln diagonal halbieren.

2_ Für die Salatblätter Marzipan mit Puderzucker verkneten und mit
Speisefarbe einfärben. Marzipan zwischen Frischhaltefolie etwa 3 mm
dünn ausrollen. Die Marzipanplatte in etwa 5 cm breite Streifen schneiden und als Salatblätter auf 6 der Waffeldreiecke legen. Die Marzipanreste sehr klein schneiden.

3_ Für die Apfelfüllung die Sahne mit Sahnesteif und Puderzucker steif
schlagen. Apfel waschen, abtrocknen, vierteln und entkernen. Apfelviertel zuerst in dünne Scheiben, dann in feine Streifen schneiden.
Apfelstreifen unter die Sahne heben. Die Apfel-Sahne auf den
Salatblättern verteilen und mit je einem Waffeldreieck belegen.

4_ Für die Himbeerfüllung die Himbeeren auftauen lassen. Mascarpone
oder Quark mit Puderzucker verrühren. Die Himbeeren mit dem ent-
standenen Saft unterrühren. Die Himbeer-Mascarpone-Masse auf die
Waffeldreiecke streichen und mit je einem Waffeldreieck belegen.

5_ Weintrauben waschen und trocken tupfen. Jeweils 1 helle und blaue
Weintraube auf ein Holzstäbchen stecken. Die Sandwiches damit
garnieren. Die gehackten Marzipanreste als „Schnittlauch" über die
Sandwiches streuen. Sandwich-Schnitten servieren.

Pro Stück: E: 5 g, F: 26 g, Kh: 25 g, kJ: 1534, kcal: 367

Tipps: Nach Belieben die aufgetauten Himbeeren pürieren und durch
ein Sieb streichen. Statt Mascarpone kann auch Doppelrahm-Frischkäse verwendet werden.

Schlange

12 Stücke – Für die Geburtstagsparty

Für die Schokoladencreme:

100 g Zartbitter-Kuvertüre

400 g Vollmilch-Kuvertüre

250 g Kokosfett

250 g Schlagsahne

2 Pck. Dr. Oetker Vanillin-Zucker

1 Pck. Dr. Oetker Finesse
   Orangenschalen-Aroma

2 Pck. Mini-Butterkekse (je 150 g)

2 Schokolinsen

Zuckerschrift

Weingummiband

Zubereitungszeit: **20 Minuten,
ohne Kühlzeit**

1_ Für die Schokoladencreme beide Kuvertüresorten in Stücke hacken, mit Kokosfett und Sahne in einem Topf im heißen Wasserbad bei schwacher Hitze unter Rühren schmelzen. Den Vanillin-Zucker und Orangenschalen-Aroma gut unterrühren.

2_ Den Boden einer Kranzform (Ø 24 cm) mit einigen Butterkeksen auslegen und mit so viel Schokocreme bestreichen, dass die Kekse bedeckt sind. Wieder mit Keksen belegen und mit Creme bestreichen.

3_ Den Vorgang so lange wiederholen, bis Kekse und Creme aufgebraucht sind. Die letzte Schicht sollte aus Keksen bestehen. Die Form über Nacht in den Kühlschrank stellen.

4_ Dann die Form kurz in heißes Wasser stellen. Den Kuchen auf eine Platte stürzen. Den Kuchen senkrecht vierteln. Die Kuchenviertel zu einer Schlange zusammenlegen.

5_ Ein Kuchenende als Kopf spitz zuschneiden. Die abgeschnittenen Gebäckstücke als Schwanz ansetzen. Die Schokolinsen mit Zuckerschrift als Augen an den Kopf kleben. Das Weingummiband als Zunge zurechtschneiden. Einen kleinen Spalt in den Schlangenkopf schneiden und die Zunge hineinstecken. Die Schlange gut gekühlt servieren.

Pro Stück: E: 5 g, F: 46 g, Kh: 39 g, kJ: 2529, kcal: 604

Tipps: Gut gekühlt ist die Schlange einige Tage haltbar. Nach Belieben die Kranzform mit Frischhaltefolie auslegen.

Deko-Tipp: Setzen Sie die Schlange auf eine längliche Platte und dekorieren diese mit Weingummischnüren und nach Belieben dschungelmäßig mit Papierblumen.

Obstparfait-Torte

20 Stücke – Mit Alkohol

2 Lagen von 1 hellen Wiener
 Boden (Ø 24 cm)

Für die Füllung:
3 Eier (Größe M)
75 g Zucker
1 Pck. Dr. Oetker Bourbon-
 Vanille-Zucker
3 EL Weinbrand
500 g Schlagsahne
2 Pck. Dr. Oetker Sahnesteif
300 g Obst, z. B. Nektarinen,
 Weintrauben, Erdbeeren,
 Heidelbeeren, Himbeeren
 (vorbereitet gewogen)
20 g gehackte Pistazienkerne

Zum Garnieren:
vorbereitetes Obst, z. B.
 Erdbeeren und Weintrauben
10 g gehackte Pistazienkerne
etwas Puderzucker

Zubereitungszeit: **35 Minuten,
ohne Gefrierzeit**

1_ Die 2 Biskuitböden zu je 1 Rechteck (24 x 11 cm) schneiden. Die Gebäckreste so zurechtschneiden, dass 2 Böden von etwa 30 x 11 cm entstehen.

2_ Für die Füllung Eier, Zucker, Vanille-Zucker und Weinbrand in eine
Edelstahlschüssel geben und im heißen Wasserbad bei mittlerer Hitze
schaumig schlagen, bis eine dickflüssige Masse entstanden ist. Die
Schüssel aus dem Wasserbad nehmen. Die Eiercreme unter Rühren
erkalten lassen. Sahne mit Sahnesteif steif schlagen und unter die
Eiercreme heben.

3_ Nektarinen waschen, abtrocknen, halbieren, entsteinen und in Würfel
schneiden. Weintrauben waschen, trocken tupfen, halbieren und entkernen. Erdbeeren putzen, waschen, abtropfen lassen und entstielen.
Erdbeeren nach Belieben in kleine Stücke schneiden. Heidelbeeren
verlesen, waschen und trocken tupfen, Himbeeren verlesen. Das
vorbereitete Obst mit den Pistazienkernen unter die Eier-Sahne-Creme
heben.

4_ Die Hälfte der Obst-Sahne-Creme in eine Kastenform (30 x 11 cm, mit
Backpapier ausgelegt) geben, mit einem zugeschnittenen Gebäckboden
belegen. Boden etwas in die Creme drücken. Restliche Obst-Sahne-
Creme daraufgeben und mit dem zweiten zugeschnittenen Gebäckboden belegen.

5_ Die Kastenform in den Gefrierschrank stellen. Obstparfait etwa 6 Stunden (am besten über Nacht) gefrieren lassen.

6_ Das Parfait mit dem Backpapier aus der Form heben und auf eine Platte
stürzen. Backpapier entfernen. Das Parfait mit dem vorbereiteten Obst,
z. B. halbierten Weintrauben und Erdbeeren, belegen. Parfait mit Pistazienkernen bestreuen und mit Puderzucker bestäuben.

Pro Stück: E: 3 g, F: 10 g, Kh: 20 g, kJ: 816, kcal: 195

Tipp: Nach Belieben die Gebäckreste zerbröseln, mit etwas Weinbrand
vermischen und zu Kugeln formen. Die Gebäckkugeln in geschmolzene
Kuvertüre tauchen und auf Backpapier legen. Kuvertüre fest werden
lassen. Die Kugeln zu dem Parfait servieren.

Hinweis: Nur ganz frische Eier verwenden, die nicht älter als 5 Tage
sind (Legedatum beachten!). Aufgetautes Parfait können sie nicht
noch einmal einfrieren, Sie sollten es möglichst innerhalb eines Tages
verzehren.

Cassata-Torte

8 Stücke – Gut vorzubereiten

Für den Boden:

75 g Amarettini
  (ital. Mandelmakronen)

Für den Belag:

1 Glas Sauerkirschen
  (Abtropfgewicht 155 g)
1 Glas Amarenakirschen
  (Abtropfgewicht 140 g)
100 g Marzipan-Rohmasse
50 g gemahlene Pistazienkerne
2–3 Tropfen grüne Speisefarbe
3 ganz frjsche Eigelb (Größe M)
50 g Zucker
675 g Schlagsahne
1 kleine Mango

Zum Verzieren und Garnieren:

125 g Schlagsahne
1 EL gehackte Pistazienkerne

Zubereitungszeit: **60 Minuten,
ohne Gefrierzeit**

1_ Für den Boden Amarettini in einen Gefrierbeutel geben. Amarettini grob zerstoßen. Einen Springformrand (Ø 20–22 cm) auf eine mit Backpapier belegte Tortenplatte stellen. Die Amarettinistücke darin gleichmäßig verteilen.

2_ Für den Belag die Sauerkirschen und Amarenakirschen auf einem Sieb abtropfen lassen, nebeneinander in eine flache Schale legen und im Gefrierschrank hart gefrieren lassen.

3_ Marzipan mit Pistazienkernen pürieren, mit Speisefarbe einfärben. Aus der Püreemasse Rollen (Ø etwa 5 mm) formen, in etwa 5 mm dicke Scheiben schneiden und ebenfalls gefrieren lassen.

4_ Eigelb, Zucker und etwa 3 Esslöffel von der Sahne in eine Edelstahlschüssel geben und im heißen Wasserbad mit Handrührgerät mit Rührbesen bei mittlerer Hitze schaumig schlagen, bis eine dickflüssige Masse entstanden ist. Die Schüssel aus dem Wasserbad nehmen und in kaltes Wasser setzen. Die Eigelbcreme so lange weiterschlagen, bis sie abgekühlt ist.

5_ Mango halbieren und den Stein herauslösen. Die Mangohälften schälen und in Stücke schneiden. Mangostücke pürieren und unter die Eigelbcreme ziehen. Restliche Sahne steif schlagen und unter die Mangocreme ziehen. Die gefrorenen Kirschen und Marzipanscheiben unterheben. Die Creme auf den Amarettinibröselboden geben und glatt streichen. Die Cassata-Torte in den Gefrierschrank stellen und über Nacht gefrieren lassen.

6_ Den Springformrand lösen und entfernen. Zum Verzieren und Garnieren Sahne steif schlagen und in einen Spritzbeutel mit Lochtülle füllen. Den oberen Tortenrand mit der Sahne verzieren und mit Pistazienkernen garnieren.

Pro Stück: E: 7 g, F: 45 g, Kh: 33 g, kJ: 2453, kcal: 586

Tipp: Besonders gut schmeckt die Torte, wenn sie etwa 30 Minuten vor dem Verzehr angetaut wird. Aufgetaute Eiscreme-Torte können Sie nicht noch einmal einfrieren, Sie sollten diese möglichst innerhalb eines Tages verwenden.

Hinweis: Nur ganz frische Eigelb verwenden, die nicht länger als 5 Tage sind (Legedatum beachten!).

Dalmatinertorte

12 Stücke – Für Kinder

Für Boden und zum Garnieren:

100 g Vollmilch-Kuvertüre

200 g weiße Kuvertüre

150 g Knusper-Pops

Für den Belag:

2 Pck. Stracciatella-Eiscreme
   (je 750 ml)

1 Pck. Schokoladen-Eiscreme
   (750 ml)

75 g Vollmilch-Schokoladen-
   Flocken oder -Raspel

Zubereitungszeit: **30 Minuten,
ohne Kühl- und Gefrierzeit**

1_ Für den Boden und zum Garnieren beide Kuvertüresorten grob zer-hacken und getrennt in je einem kleinen Topf im heißen Wasserbad bei schwacher Hitze unter Rühren schmelzen.

2_ Die Knusper-Pops in einen Gefrierbeutel geben. Den Beutel verschlie-ßen. Knusper-Pops mit einer Teigrolle grob zerbröseln. Zwei Drittel der Brösel mit der weißen Kuvertüre vermengen.

3_ Einen Springformrand (Ø 26 cm) auf eine mit Backpapier belegte Torten-platte stellen. Zwei Drittel der Bröselmasse darin gleichmäßig verteilen und mit einem Löffel gut zu einem Boden andrücken. Tortenboden kalt stellen.

4_ Restliche Knusper-Pops-Brösel mit der Hälfte der Vollmilch-Kuvertüre vermengen und als Häufchen auf ein Stück Backpapier setzen. Restliche weiße Kuvertüre-Knusper-Pops-Masse ebenfalls auf das Backpapier setzen und kalt stellen.

5_ Die restliche Vollmilch-Kuvertüre mit einem Löffel auf den Bröselboden klecksen. Den Boden kalt stellen.

6_ Für den Belag beide Eiscreme-Sorten antauen lassen. Die Stracciatella-Eiscreme mit den Schokoladen-Flocken vermengen und mithilfe von zwei Esslöffeln mit etwas Abstand Häufchen auf den Bröselboden setzen. Die Schokoladen-Eiscreme in die Zwischenräume setzen. Die Torte etwa 4 Stunden gefrieren lassen.

7_ Springformrand lösen und entfernen. Die Tortenoberfläche mit den Knusper-Pops-Häufchen garnieren.

Pro Stück: E: 6 g, F: 17 g, Kh: 33 g, kJ: 1360, kcal: 325

Hinweis: Aufgetaute und wieder eingefrorene Eiscreme können Sie nicht noch einmal einfrieren. Sie sollten diese möglichst innerhalb eines Tages verwenden.

Grasshopper-Eistorte

12 Stücke – Mit Alkohol

24 Nippon
 (Schoko-Puffreis-Quadrate)
500 g Schlagsahne
2 Gläser Marshmallow fluff
 (je 213 g, Marshmallowcreme)
150 ml Pfefferminzlikör
etwas grüne Speisefarbe

Zubereitungszeit: **45 Minuten,
ohne Kühl- und Gefrierzeit**

1_ Sechs der Schoko-Puffreis-Quadrate diagonal durchschneiden und beiseitelegen.

2_ Die restlichen Schoko-Puffreis-Quadrate in einen Gefrierbeutel geben. Den Beutel verschließen und Schoko-Puffreis-Quadrate mit einer Teigrolle zerbröseln. Brösel in eine Schüssel geben.

3_ Schoko-Puffreis-Brösel in der Schüssel im heißen Wasserbad bei mittlerer Hitze unter Rühren erwärmen, bis die Schokolade vollständig geschmolzen ist. Die Masse in einer Springform (Ø 26 cm, Boden mit Backpapier belegt, Rand etwa 1 cm hoch mit Speiseöl bestrichen) gleichmäßig verteilen. Den Boden etwa 45 Minuten kalt stellen.

4_ Sahne steif schlagen. Etwa 3 Esslöffel der Sahne in einen Spritzbeutel mit Sterntülle füllen und kalt legen. Marshmallow fluff in eine Rührschüssel geben. Likör hinzugießen und mit Handrührgerät mit Rührbesen auf niedrigster Stufe zu einer glatten Masse verrühren, bis die Marshmallow fluffs sich gelöst haben. Restliche Sahne vorsichtig unterheben. Die Creme mit einigen Tropfen Speisefarbe „pastell-mint-grün" färben.

5_ Die Creme auf den Schoko-Puffreis-Boden geben und glatt streichen. Die Form etwa 5 Stunden in den Gefrierschrank stellen.

6_ Die Torte aus der Form lösen und auf eine Tortenplatte setzen. Tortenoberfläche mit Sahnetuffs aus dem Spritzbeutel verzieren und mit den beiseite gelegten Schoko-Puffreis-Hälften garnieren. Die Torte mit einem scharfen Messer in etwa 12 Stücke schneiden und sofort servieren.

Pro Stück: E: 3 g, F: 21 g, Kh: 46 g, kJ: 1733, kcal: 414

Hinweis: Aufgetaute Eiscreme können sie nicht noch einmal einfrieren, Sie sollten diese möglichst innerhalb eines Tages verwenden.

Erdbeer-Baiser-Eistörtchen

9 Stücke – Fruchtig

Für das Erdbeereis:

250 g Erdbeeren

75 g Puderzucker

1 Pck. Dr. Oetker Vanillin-Zucker

1 TL Dr. Oetker Finesse Geriebene
  Zitronenschale

250 g Mascarpone
  (ital. Frischkäse)

Für die Füllung:

250 g Erdbeeren

etwa 9 feine Schaumgebäcktörtchen (Baisertörtchen)

200 g Schlagsahne

1 Pck. Dr. Oetker Vanillin-Zucker

1 Pck. Dr. Oetker Sahnesteif

Zum Bestreuen:

etwa 25 g gehackte Pistazienkerne

einige Pfefferminzblätter

Zubereitungszeit: **20 Minuten,
ohne Gefrierzeit**

1_ Für das Erdbeereis Erdbeeren putzen, waschen, gut abtropfen lassen,
entstielen und pürieren. Das Erdbeerpüree mit Puderzucker, Vanillin-
Zucker und Zitronenschale verrühren. Mascarpone zuerst mit der Hälfte
des Fruchtpürees mit Handrührgerät mit Rührbesen verrühren, dann
das restliche Erdbeerpüree unterrühren. Die Mascarpone-Fruchtmasse
in den Gefrierschrank stellen und etwa 5 Stunden gefrieren lassen.
Zwischendurch mit einem Schneebesen die Masse umrühren (oder die
Mascarpone-Fruchtmasse in einer Eismaschine gefrieren lassen).

2_ Für die Füllung Erdbeeren putzen, waschen, gut abtropfen lassen,
entstielen, halbieren, große Früchte vierteln.

3_ Die Schaumgebäcktörtchen kalt stellen. Die Sahne mit Vanillin-Zucker
und Sahnesteif steif schlagen. Die Sahne in einen Spritzbeutel mit
Sterntülle füllen und kalt legen.

4_ Die Törtchen mit den vorbereiteten Erdbeeren belegen. Das Eis mit
einem Eisportionierer zu kleinen Halbkugeln (Ø etwa 4,5 cm) formen.
Jeweils 1 Halbkugel Eis auf die Erdbeeren legen. An das Erdbeereis je
1 Sahnetuff spritzen.

5_ Die Eistörtchen mit Pistazienkernen bestreuen und mit abgespülten,
trocken getupften Minzblättern garnieren. Die Erdbeer-Baisertörtchen
sofort servieren.

Pro Stück: E: 4 g, F: 20 g, Kh: 37 g, kJ: 1485, kcal: 354

Tipps: Anstelle von Erdbeeren können auch Himbeeren verwendet werden. Den Boden der Schaumgebäcktörtchen mit etwa 40 g geschmol-
zener Edelbitter-Schokolade bestreichen und fest werden lassen.

Melonen-Eistorte

12 Stücke – Fruchtig – mit Alkohol

Für den Boden:

150 g Amarettini
(ital. Mandelmakronen)
90 g Butter

Für den Belag:

1 Charentais-Melone
(etwa 800 g)
Saft von 1 Limette
einige Minzeblättchen
1 Pck. Mousse à la Vanille
(Dessertpulver)
200 ml Milch
100 g Schlagsahne

Zum Garnieren:

je ½ Ogen- und Honigmelone

Für den Guss:

1 Pck. Tortenguss, klar
1–2 EL Zucker
125 ml (⅛ l) Sekt
125 ml (⅛ l) Wasser

Zubereitungszeit: **50 Minuten,
ohne Gefrierzeit**

1_ Für den Boden Amarettini in einen Gefrierbeutel geben. Den Beutel verschließen und Amarettini mit einer Teigrolle fein zerbröseln. Brösel in eine Rührschüssel geben. Butter zerlassen, zu den Amarettinibröseln geben und gut verrühren.

2_ Einen Springformrand (Ø 26 cm) auf eine mit Backpapier belegte Tortenplatte stellen. Die Bröselmasse darin gleichmäßig verteilen und mit einem Löffel gut zu einem Boden andrücken. Tortenboden kalt stellen.

3_ Für den Belag Charentais-Melone halbieren, entkernen und schälen. Fruchtfleisch grob würfeln, in einen hohen Rührbecher geben und mit dem Limettensaft pürieren. Minzeblättchen abspülen, trocken tupfen und in Streifen schneiden.

4_ Das Mousse-Dessertpulver mit Milch und Sahne nach Packungsanleitung zubereiten. Melonenpüree und Minzestreifen unterheben. Den Belag auf den Bröselboden geben und glatt streichen. Die Torte mindestens 6 Stunden (oder über Nacht) in den Gefrierschrank stellen.

5_ Zum Garnieren Melonenhälften entkernen und das Fruchtfleisch mit einem Kugelausstecher herauslösen. Die Torte aus dem Gefrierschrank nehmen. Die Melonenkugeln auf die Tortenoberfläche legen.

6_ Für den Guss aus Tortengusspulver, Zucker, Sekt und Wasser einen Guss nach Packungsanleitung zubereiten. Guss etwas abkühlen lassen. Den Guss gleichmäßig auf den Melonenkugeln verteilen. Den Guss fest werden lassen. Den Springformrand lösen und entfernen. Die Torte sofort servieren.

Pro Stück: E: 3 g, F: 6 g, Kh: 20 g, kJ: 682, kcal: 161

Tipps: Nach Belieben die Tortenoberfläche mit einigen Amarettini und Minze- oder Melisseblättchen garnieren. Die Torte sollte vom Garnieren bis zum Servieren etwas antauen, dann lässt sie sich besser schneiden. Angetaute Torte nicht wieder einfrieren.

Limetten-Eisschnitten

12 Stücke – Raffiniert

Für den Sirup:

3 Bio-Limetten
  (unbehandelt, ungewachst)
100 ml Wasser
75 ml Limettensaft
120 g Zucker

Für das Eis:

2 Blatt weiße Gelatine
250 g Keksröllchen
  (Flämische Röllchen)
2 sehr frische Eiweiß (Größe M)
300 g Schlagsahne

Zum Verzieren und Garnieren:

150 g Schlagsahne
1 EL Zucker
1 Bio-Limette
  (unbehandelt, ungewachst)
1–2 EL gemahlene Pistazienkerne

Zubereitungszeit: **30 Minuten,
ohne Gefrierzeit**

1_ Eine Kastenform (25 x 11 cm) an den Seiten und am Boden an mehreren Punkten leicht einfetten. Die Form mit Backpapier auslegen, das Papier an den Rändern überhängen lassen.

2_ Für den Sirup 2 Limetten heiß abwaschen, abtrocknen und die Schale sehr dünn abschälen. Dann alle Limetten auspressen und 75 ml Saft abmessen. Wasser, abgemessenen Limettensaft, Limettenschale und Zucker in einem kleinen Topf zum Kochen bringen und anschließend ohne Deckel etwa 10 Minuten einkochen lassen.

3_ Für das Eis die Gelatine nach Packungsanleitung einweichen. Den Boden der Kastenform mit Keksröllchen auslegen. Restliche Keksröllchen mit einem Sägemesser in etwa 1 cm breite Stücke schneiden.

4_ Den Sirup durch ein Sieb gießen (ergibt 75 ml). Eiweiß mit Handrührgerät mit Rührbesen steif schlagen. Eingeweichte Gelatine ausdrücken und in dem heißen Sirup unter Rühren auflösen. Den heißen Sirup nach und nach mit Handrührgerät mit Rührbesen unter den Eischnee schlagen.

5_ Sahne steif schlagen. Sahne und Keksstücke unter den Eischnee heben. Die Sahnecreme in die Form füllen, glatt streichen und mit Backpapier belegen. Die Form in den Gefrierschrank stellen. Die Eismasse mindestens 5 Stunden gefrieren lassen.

6_ Das Eis etwa 30 Minuten vor dem Servieren aus dem Gefrierfach nehmen und in der Form etwas antauen lassen.

7_ Zum Verzieren und Garnieren Sahne mit Zucker steif schlagen und in einen Spritzbeutel mit Lochtülle (Ø etwa 10 mm) füllen. Die Limette heiß abwaschen und abtrocknen. Die Schale in dünnen Streifen abschälen und quer in feine Streifen schneiden.

8_ Das Eis auf eine Platte stürzen, das Backpapier entfernen. Das Eis mit Sahnetupfen und -streifen verzieren. Mit Pistazienkernen und Limettenstreifen bestreuen. Das Eis mit einem Sägemesser in Scheiben schneiden.

Pro Stück: E: 4 g, F: 17 g, Kh: 26 g, kJ: 1162, kcal: 278

Hinweis: Nur ganz frisches Eiweiß verwenden, das nicht älter als 5 Tage ist (Legedatum beachten!). Sollte von den Eisschnitten nicht alles verzehrt werden, sie sofort wieder in den Gefrierschrank stellen.

Königliche Erdbeer-Eistorte

8 Stücke – Raffiniert

Für den Boden:

175 g Zartbitter-Kuvertüre

9 Törtchen feines Schaum-
  gebäck (Baisertörtchen,
  Ø etwa 7 cm)

Für die Füllung:

750 g Erdbeeren

75 g Zucker

1 Pck. Dr. Oetker Vanillin-Zucker

1 Bio-Zitrone
  (unbehandelt, ungewachst)

1 EL Zitronensaft

4 Eigelb (Größe M)

100 g Zucker

250 g Schlagsahne

Für den Rand:

250 g Schlagsahne

1 Pck. Gebäckröllchen
  (Cigarettes Russes, 100 g)

**Zubereitungszeit: 50 Minuten,
ohne Kühl- und Gefrierzeit**

1_ Für den Boden Kuvertüre in kleine Stücke hacken, in einem kleinen Topf im heißen Wasserbad bei schwacher Hitze unter Rühren schmelzen.

2_ Einen Springformrand (Ø 20 cm) auf eine mit Backpapier belegte Tortenplatte stellen. Etwa ein Drittel der Kuvertüremasse auf dem Boden (Backpapier) in dem Springformrand verteilen und glatt streichen. Die Hälfte der Baisertörtchen grob zerbröseln, auf der Kuvertüre verteilen und etwas andrücken. Knapp die Hälfte der restlichen Kuvertüre auf die Baiserbrösel sprenkeln.

3_ Die restlichen Baisertörtchen mit der restlichen Kuvertüre von allen Seiten bestreichen. Den Tortenboden und die Baisertörtchen kalt stellen, Kuvertüre fest werden lassen.

4_ Für die Füllung Erdbeeren putzen, waschen, gut abtropfen lassen und entstielen. 2–3 Erdbeeren beiseitelegen. 150 g der Erdbeeren in kleine Stücke schneiden. Die restlichen Erdbeeren mit Zucker und Vanillin-Zucker pürieren. Zitrone heiß abwaschen, abtrocknen und die Schale abreiben. Die Zitrone halbieren und den Saft auspressen. Zitronenschale und 1 Esslöffel Zitronensaft unter das Erdbeerpüree rühren. Von dem Erdbeerpüree 100 ml abnehmen und in den Kühlschrank stellen.

5_ Eigelb und Zucker in eine Edelstahlschüssel geben und im heißen Wasserbad bei mittlerer Hitze schaumig schlagen, bis eine dickflüssige Masse entstanden ist. Die Schüssel aus dem Wasserbad nehmen. Sahne steif schlagen. Restliches Erdbeerpüree nach und nach unter die Eigelbmasse heben, Sahne ebenfalls unterheben.

6_ Die klein geschnittenen Erdbeeren unter die Hälfte der Erdbeer-Sahne-Creme geben. Die Erdbeer-Sahne-Creme auf dem Baiserboden im Springformrand verteilen und glatt streichen. Die mit Kuvertüre bestrichenen Törtchen darauflegen. Die Form etwa 1 Stunde in den Gefrierschrank stellen, die Creme anfrieren lassen. Restliche Erdbeer-Sahne-Creme in den Kühlschrank stellen.

7_ Wenn die Baisertörtchen etwas angefroren sind, die restliche, kalt gestellte Erdbeer-Sahne-Creme daraufgeben und glatt streichen. Torte wieder in den Gefrierschrank stellen, etwa 5 Stunden gefrieren lassen.

8_ Den Springformrand lösen und entfernen. Für den Rand Sahne steif schlagen, in einen Spritzbeutel mit Sterntülle geben. Den äußeren und oberen Rand mit der Sahne verzieren. Die Gebäckröllchen senkrecht an den Tortenrand stellen, etwas in die Sahne drücken. Beiseite gelegte Erdbeeren vierteln. Tortenoberfläche damit garnieren. Kurz vor dem Servieren das kalt gestellte Erdbeerpüree auf der Tortenmitte verteilen.

Pro Stück: E: 6 g, F: 34 g, Kh: 60 g, kJ: 2436, kcal: 583

Knusper-Eistorte

8 Stücke – Mit Alkohol

Für den Boden:

120 g Waffeln ohne Füllung, z. B.
  Eiswaffel-Herzen

50 g weiche Butter

Für den Belag:

3 Eigelb (Größe M)

60 g Zucker

1 Pck. Dr. Oetker Vanillin-Zucker

60 g Marzipan-Rohmasse

1 kleine Bio-Orange
  (unbehandelt, ungewachst)

1 EL Orangenlikör

300 g Schlagsahne

125 ml (⅛ l) flüssige Schokoglasur für Eis

Zum Garnieren:

Orangenfilets und Orangenschale

**Zubereitungszeit: 30 Minuten,
ohne Kühl- und Gefrierzeit**

1_ Für den Boden Waffeln in einen Gefrierbeutel geben. Den Beutel verschließen. Waffeln mit einer Teigrolle fein zerbröseln und in eine Rührschüssel geben. Die Gebäckbrösel mit der Butter gut vermengen.

2_ Einen Springformrand (Ø 18 cm) auf eine mit Backpapier belegte Tortenplatte stellen. Die Bröselmasse darin gleichmäßig verteilen und mit
einem Löffel gut zu einem Boden andrücken. Tortenboden kalt stellen.

3_ Eigelb mit Zucker und Vanillin-Zucker in eine Edelstahlschüssel geben
und im heißen Wasserbad mit Handrührgerät mit Rührbesen bei mittlerer Hitze schaumig schlagen, bis eine dickflüssige Masse entstanden
ist. Marzipan auf einer groben Reibe raspeln, hinzugeben und zu einer
geschmeidigen Masse verrühren.

4_ Orange heiß waschen, abtrocknen und die Schale abreiben. Die Orange
halbieren und den Saft auspressen. Orangenschale, 2 Esslöffel Orangensaft und Orangenlikör zu der Eigelbcreme geben und unterrühren.
Sahne steif schlagen und unterheben. Die Creme in eine flache Schüssel
geben, in den Gefrierschrank stellen. Die Creme etwa 1 ½ Stunden
gefrieren lassen, bis das Eis streichfähig ist.

5_ Die erste Schicht Eis etwa 3 cm dick auf den Waffelboden streichen und
darauf eine dünne Schicht Schokoladenglasur spritzen, sodass das Eis
bedeckt ist. Die Schicht kurz gefrieren lassen.

6_ Dann die zweite Eisschicht einfüllen, Schokoladenglasur aufspritzen
und wieder gefrieren lassen. So lange fortfahren, bis das Eis aufgebraucht ist. Die letzte Schicht sollte aus Eis bestehen. Die Torte in den
Gefrierschrank stellen und mindestens 3 Stunden gefrieren lassen.

7_ Springformrand lösen und entfernen. Die Tortenoberfläche mit Schokoladenglasur besprenkeln. Mit Orangenfilets und -schale garnieren.
Die Eistorte mit einem elektrischen Messer in Stücke schneiden.

Pro Stück: E: 5 g, F: 29 g, Kh: 31 g, kJ: 1738, kcal: 415

Tipp: Die Orangenfilets zum Garnieren kurz gefrieren lassen und dann
mit der Schokoglasur besprenkeln.

Hinweis: Nur ganz frische Eier verwenden, die nicht älter als 5 Tage
sind (Legedatum beachten!). Aufgetaute Eistorte können sie nicht noch
einmal einfrieren.

Kiwi-Eis-Torte

14 Stücke – Erfrischend – mit Alkohol

Für den Boden:

2 Pck. Blätterteig-Brezeln
(je 100 g)

Für die Füllung:

5 Kiwis
200 g Aprikosenkonfitüre
2 EL Orangenlikör
3 Pck. Sahne- oder Vanilleeis
(je 750 ml [¾ l])

Zum Garnieren und Verzieren:

1 Dose Mandarinen
(Abtropfgewicht 175 g)
3 Kiwis
250 g Schlagsahne
2 EL Zucker
1 Pck. Dr. Oetker Sahnesteif

Zubereitungszeit: **45 Minuten, ohne Antau- und Gefrierzeit**

1_ Für den Boden einen Springformrand (Ø 28 cm) auf eine mit Backpapier belegte Tortenplatte stellen. Den Boden mit einem Teil der Brezeln auslegen.

2_ Für die Füllung die Kiwis schälen, grob zerkleinern, mit Konfitüre und Likör in einem kleinen Topf mit einem Stabmixer pürieren und kurz erhitzen.

3_ Die Eiscreme etwa 15 Minuten im Kühlschrank antauen lassen. Die Hälfte der Eiscreme auf die Brezel geben, etwas andrücken und das abgekühlte Kiwipüree daraufgeben. Restliche Eiscreme darauf verteilen. Die Eiscreme mit den restlichen Brezeln belegen. Die Eistorte in den Gefrierschrank stellen und etwa 3 Stunden gefrieren lassen. Den Springformrand entfernen.

4_ Zum Garnieren und Verzieren Mandarinen auf einem Sieb abtropfen lassen. Kiwis schälen und in Scheiben schneiden. Die Kiwischeiben mit kochendem Wasser übergießen, abtropfen und abkühlen lassen. Kiwischeiben auf die Brezeln legen, dabei den äußeren Rand etwa 2 cm frei lassen, damit die Brezeln sichtbar bleiben.

5_ Sahne mit Zucker und Sahnesteif steif schlagen und wellenartig auf die Kiwischeiben streichen. Die Tortenmitte mit Mandarinen garnieren und servieren.

Pro Stück: E: 6 g, F: 16 g, Kh: 47 g, kJ: 1574, kcal: 376

Tipps: Die Torte kann bereits am Vortag oder einige Tage vorher zubereitet werden. Sie dann erst kurz vor dem Servieren mit Sahne und Früchten garnieren. Aufgetaute und wieder eingefrorene Eiscreme können sie nicht noch einmal einfrieren, Sie sollten diese möglichst innerhalb eines Tages verwenden.

Abwandlung: Statt Mandarinen frische Erdbeeren verwenden.

Kirsch-Eistorte

12 Stücke – Gut vorzubereiten – mit Alkohol

Für den Boden:

175 g Waffelröllchen mit
    Schokolade
100 g Butter

Für den Belag:

3 Eier (Größe M)
100 g Zucker
3 EL Kirschwasser oder Cognac
500 g Schlagsahne
1 Pck. Dr. Oetker Bourbon-
    Vanille-Zucker
300 g Süßkirschen

Zum Verzieren und Garnieren:

3 EL Kirschkonfitüre
einige vorbereitete Kirschen
    mit Stiel

Zubereitungszeit: **45 Minuten, ohne Kühl-, Abkühl- und
Gefrierzeit**

1_ Für den Boden Waffelröllchen in einen Gefrierbeutel geben. Den Beutel verschließen. Waffelröllchen mit einer Teigrolle fein zerbröseln und in eine Rührschüssel geben. Butter zerlassen, zu den Waffelbröseln geben und gut verrühren.

2_ Einen Springformrand (Ø 26 cm) auf eine mit Backpapier belegte Torten-platte stellen. Die Bröselmasse darin gleichmäßig verteilen und mit einem Löffel gut zu einem Boden andrücken. Tortenboden kalt stellen.

3_ Für den Belag Eier und Zucker in eine Edelstahlschüssel geben und im heißen Wasserbad mit Handrührgerät mit Rührbesen bei mittlerer Hitze schaumig schlagen, bis eine dickflüssige Masse entstanden ist.
Die Schüssel aus dem Wasserbad nehmen und die Eigelbcreme erkalten lassen, dabei gelegentlich umrühren. Kirschwasser oder Cognac unter-rühren. Sahne mit Vanille-Zucker steif schlagen und unter die Eigelbcreme heben.

4_ Die Kirschen waschen, abtropfen lassen, entstielen und entsteinen, da-bei den Saft auffangen. Die Kirschen und den aufgefangenen Saft unter die Hälfte der Sahnecreme heben. 2–3 Esslöffel von der Kirschcreme, aber ohne Kirschen zum Garnieren abnehmen. In einen mit Frischhalte-folie ausgelegten tiefen Teller geben, in den Gefrierschrank stellen und gefrieren lassen.

5_ Die restliche Kirschcreme etwas kuppelförmig auf dem Bröselboden verteilen, sodass ein etwa 1 cm breiter Rand frei bleibt.

6_ Die helle Sahnecreme vorsichtig auf die Kirschcreme geben und glatt streichen. Die Torte mindestens 6 Stunden in den Gefrierschrank stellen (am besten über Nacht).

7_ Die Torte 1–2 Stunden vor dem Servieren aus dem Gefrierschrank nehmen. Springformrand lösen und entfernen.

8_ Zum Verzieren und Garnieren Konfitüre durch ein Sieb streichen, in einen kleinen Gefrierbeutel geben und eine kleine Ecke abschneiden. Den Tortenrand damit besprenkeln.

9_ Kurz vor dem Servieren die gefrorene Kirschcreme (von dem Teller) auf eine kleine Platte stürzen und die Folie entfernen. Das Eis in Würfel schneiden. Die Torte mit den Eiswürfeln und Kirschen garnieren.

Pro Stück: E: 4 g, F: 26 g, Kh: 24 g, kJ: 1494, kcal: 357

Hinweis: Nur ganz frische Eier nehmen, die nicht älter als 5 Tage sind (Legedatum beachten!).

Fürst-Pückler-Eisgugelhupf

10 Stücke – Mit Alkohol

Für die Füllung:

200 ml Schokoladen-Eiscreme

250 ml (¼ l) Erdbeer-Fruchteis

350 ml Vanille-Eiscreme

Für die Erdbeeren:

500 g frische Erdbeeren

1 EL Zucker

30 ml Schwarzwälder-Kirsch-
wasser

2 EL Vollmilch-Raspelschokolade

Außerdem:

1 Gugelhupfform (Ø 18 cm)

**Zubereitungszeit: 40 Minuten,
ohne Antau-, Marinier- und
Gefrierzeit**

1_ Eine Gugelhupfform (Ø 18 cm) in den Gefrierschrank stellen.

2_ Für die Füllung alle Eiscremesorten 10–15 Minuten antauen lassen und getrennt in jeweils einer Schüssel cremig rühren.

3_ Zuerst die Schokoladen-Eiscreme in die gekühlte Gugelhupfform füllen und glatt streichen. Anschließend das Erdbeer-Fruchteis daraufgeben, ebenfalls glatt streichen. Zuletzt die Vanille-Eiscreme darauf verteilen.

4_ Das Eis mit Pergamentpapier belegen. Die Gugelhupfform mit Alufolie fest verschließen und in den Gefrierschrank stellen. Das Eis 3–4 Stunden gefrieren lassen.

5_ Die Erdbeeren putzen, waschen, gut abtropfen lassen und entstielen. Erdbeeren vierteln und in eine Schüssel geben. Zucker und Kirschwasser unterrühren. Erdbeeren etwa 1 Stunde marinieren. Erdbeeren auf ein Sieb geben und abtropfen lassen, dabei den Saft auffangen.

6_ Die Hälfte der Erdbeerviertel mit dem aufgefangenen Saft pürieren. Das Püree mit den restlichen Erdbeervierteln vermengen.

7_ Die Gugelhupfform aus dem Gefrierschrank nehmen und kurz in warmes Wasser tauchen. Den Eisgugelhupf auf einen flachen Teller (Teller vorher eine Zeit lang in den Gefrierschrank stellen) stürzen.

8_ Den Eisgugelhupf mit Raspelschokolade bestreuen und mit den Erdbeeren servieren.

Pro Stück: E: 2 g, F: 3 g, Kh: 21 g, kJ: 596, kcal: 142

Hinweis: Aufgetaute und wieder eingefrorene Eiscreme können sie nicht noch einmal einfrieren, Sie sollten sie möglichst innerhalb eines Tages verwenden.

Eisbergtorte „Titanic"

10 Stücke – Für Gäste – für Kinder – raffiniert

100 g feines Schaumgebäck
(9 Baisertörtchen)
100 g Zartbitter-Schokolade
500 ml (½ l) Schokoladen-
Eiscreme
250 ml (¼ l) Venezia Vanille-
Eiscreme mit Schokoladen-
splittern

Zubereitungszeit: **20 Minuten,
ohne Gefrierzeit**

1_ Einen Springformrand (Ø 24 cm) auf eine mit Backpapier belegte Tortenplatte stellen.

2_ Das Schaumgebäck grob zerbröseln und gut die Hälfte davon gleichmäßig in dem Springformrand verteilen.

3_ Schokolade in Stücke brechen, in einem kleinen Topf im heißen Wasserbad bei schwacher Hitze unter Rühren schmelzen.

4_ Einen Teil der Schokolade auf die Baiserbrösel im Springformrand sprenkeln und etwa 20 Minuten in den Kühlschrank stellen. Schokolade fest werden lassen.

5_ Knapp die Hälfte der Schokoladen-Eiscreme antauen lassen und etwas geschmeidig rühren. Die Eiscreme auf den Baiserbröseln in dem Springformrand verteilen. Restliche Schokoladen-Eiscreme und Vanille-Eiscreme in Scheiben schneiden und auf die Schokoladen-Eiscreme legen.

6_ Die restlichen Baiserbrösel daraufstreuen und mit der restlichen Schokolade besprenkeln. Die Torte etwa 5 Stunden im Gefrierfach gefrieren lassen.

Pro Stück: E: 4 g, F: 7 g, Kh: 23 g, kJ: 708, kcal: 169

Tipp: Aufgetaute und wieder eingefrorene Eiscreme können Sie nicht noch einmal einfrieren und sollten Sie möglichst innerhalb eines Tages verwenden.

Ratgeber

Abkürzungen

EL	=	Esslöffel
TL	=	Teelöffel
Msp.	=	Messerspitze
Pck.	=	Packung/Päckchen
g	=	Gramm
kg	=	Kilogramm
ml	=	Milliliter
l	=	Liter
evtl.	=	eventuell
Fl.	=	Fläschchen
geh.	=	gehäuft
gestr.	=	gestrichen
TK	=	Tiefkühlprodukt
°C	=	Grad Celsius

Kalorien-/Nährwertangaben

E	=	Eiweiß
F	=	Fett
Kh	=	Kohlenhydrate
kcal	=	Kilokalorie
kJ	=	Kilojoule

Hinweise zu den Rezepten

Lesen Sie vor der Zubereitung – besser noch vor dem Einkauf – das Rezept einmal vollständig durch. Oft werden Arbeitsabläufe oder -zusammenhänge dann klarer.

Zutatenliste

Die Zutaten sind in der Reihenfolge ihrer Bearbeitung angegeben.

Arbeitsschritte

Die Arbeitsschritte sind einzeln hervorgehoben, in der Reihenfolge, in der sie von uns ausprobiert wurden.

Zubereitungszeiten

Die Zubereitungszeit ist ein Anhaltswert für die Zeit der Vorbereitung und die eigentliche Zubereitung. Längere Wartezeiten, z. B. Kühl- und Auftauzeiten, sind nicht mit einbezogen.

Formen

Torten ohne zu backen gelingen, indem Sie einen Springformrand (hier bitte die Angabe zum Durchmesser im jeweiligen Rezept beachten) auf eine mit Tortenspitze oder Backpapier belegte Tortenplatte stellen und die Torte nach Rezept zubereiten. Sollten Sie Backpapier verwenden, ist es empfehlenswert, die Torte zunächst mithilfe eines Tortenhebers vom Backpapier zu lösen und das Backpapier dann vorsichtig unter dem Boden wegzuziehen.
Statt des Springformrands kann auch ein Tortenring oder je nach Rezept ein Backrahmen eingesetzt werden.

Nur frische Eier verwenden

Bei der Zubereitung mit frischen Eiern nur Eier verwenden, die nicht älter als 5 Tage sind (Legedatum beachten!). Ei bzw. Eier in eine Rühr- oder Edelstahlschüssel geben und im heißen Wasserbad mit Handrührgerät mit Rührbesen bei mittlerer Hitze aufschlagen, bis eine Temperatur von etwa 70 °C entsteht. Die Torten und Kuchen im Kühlschrank aufbewahren und innerhalb von 24 Stunden verzehren.

Kapitelregister

FSC

Mix
Produktgruppe aus vorbildlich
bewirtschafteten Wäldern,
kontrollierten Herkünften und
Recyclingholz oder -fasern

Zert.-Nr. GFA-COC-001575
www.fsc.org
© 1996 Forest Stewardship Council

Verlagsgruppe Random House FSC-DEU-0100
Das für dieses Buch verwendete
FSC-zertifizierte *Papier Opuspraximatt*
liefert Condat, Le Lardin Saint-Lazare, Frankreich.

Hinweis   Für Fragen, Vorschläge oder Anregungen steht Ihnen der
Verbraucherservice der Dr. Oetker Versuchsküche
Telefon: 00800 71727374 Mo. - Fr. 8:00 - 18:00 Uhr,
Sa. 9:00 - 15:00 Uhr (gebührenfrei in Deutschland) oder die
Mitarbeiter des Dr. Oetker Verlages Telefon: +49 (0) 521 520658
Mo. - Fr. 9:00 - 15:00 Uhr zur Verfügung.

Redaktion   Jasmin Gromzik, Miriam Krampitz

Titelfoto   Christiane Krüger, Hamburg

Innenfotos   Thomas Diercks, Hamburg (Seite 9, 21, 22, 33, 50, 54, 57, 61, 62, 70, 73, 77,
78, 86, 89, 106, 118, 122, 126, 129, 138, 141)
Ulli Hartmann, Halle/Westf. (Seite 53, 58, 85, 105)
Christiane Krüger, Hamburg (Seite 10, 13, 14, 17, 18, 25, 26, 29, 30, 34, 37, 38,
41, 42, 45, 46, 65, 66, 93, 94, 101, 110, 117, 125, 130)
Bernd Lippert (Seite 81, 90)
Axel Struwe, Bielefeld (Seite 137)
Norbert Toelle, Bielefeld (Seite 134)
Brigitte Wegner, Bielefeld (Seite 49, 69, 74, 82, 97, 98, 102, 109, 113, 114,
121, 133)

**Wir danken für die
freundliche Unterstützung**   Bahlsen, Hannover
Griesson - de Beukelaer, Polch
Hosta Werk, Stimpfach-Randenweiler
Peter Kölln, Elmshorm

Grafisches Konzept   kontur:design GmbH, Bielefeld
Umschlaggestaltung   kontur:design GmbH, Bielefeld
Satz und Gestaltung   M·D·H Haselhorst, Bielefeld

Druck und Bindung   Offizin Andersen Nexö, Leipzig

ISBN: 978-3-453-85567-0